“十二五”全国高职高专教育专业规划教材

基础地理

王金虹　张鸿雁　主编

辽宁科学技术出版社
沈　阳

图书在版编目（CIP）数据

基础地理 / 王金虹，张鸿雁主编. —沈阳：辽宁科学技术出版社，2012. 5（2021.8 重印）

ISBN 978-7-5381-7443-4

Ⅰ. ①基… Ⅱ. ①王… ②张… Ⅲ. ①地理学—高等职业教育—教材 Ⅳ. ①K90

中国版本图书馆CIP数据核字（2012）第075487号

出版发行：辽宁科学技术出版社
（地址：沈阳市和平区十一纬路29号 邮编：110003）
印 刷 者：辽宁新华印务有限公司
经 销 者：各地新华书店
幅面尺寸：210mm × 285mm
印　　张：8
字　　数：260 千字
出版时间：2012 年 5 月第 1 版
印刷时间：2021 年 8 月第 9 次印刷
责任编辑：韩延本 曹 阳 闻 通
封面设计：小 东
版式设计：于 浪
责任校对：李 霞

书　　号：ISBN 978-7-5381-7443-4
定　　价：35. 00 元

联系电话：024-23284372
邮购热线：024-23284502
http://www. lnkj. com. cn
本书网址：www. lnkj. cn/uri. sh/7443

前 言

2001年，教育部正式启动了新一轮基础教育课程改革，颁发了《基础教育课程改革纲要（试行）》等一系列政策文件，初步构建了符合时代要求、具有中国特色的基础教育课程体系。地理课程是师范院校初等（小学）教育专业和学前教育专业的必修课程，而面对小学和幼儿园新的教材、新的教学模式、新的教学方法以及新的课程标准，师范初等（小学）教育和学前教育专业的地理教材必须进行改革，以适应基础教育课程改革发展的需要。

地理课程研究内容广，时空跨度大，涉及领域多。作为培养小学和幼儿园教师的教材，本教材以人和地理环境之间的关系为主线，旨在认识人与自然的协调发展是人类必须遵守的可持续发展原则，让人类与自然环境和谐共生的理念渗透于每个学生的心中，这样，我们人类共同拥有的家园——地球，才能健康、持续地发展下去。全书分为三大部分：第一章至第五章为自然地理知识；第六章至第十章为人文地理知识；第十一章综合阐述人地关系及可持续发展。同时教材力求结合基础教育改革的现状，针对培养目标和培养规格，体现以学生为本，科学地选择、安排了教学内容，集科学性、思想性、前瞻性、趣味性、实践性、示范性于一体。作为小学《科学》、《品德与生活》、《品德与社会》、《综合实践活动》课程教材的延伸、拓展和补充。

本教材可作为师范院校初等（小学）教育专业和学前教育专业教学使用，同时也可作为小学教师教学的参考资料。

本书由王金虹、张鸿雁主编，李银侠、刘崇丽副主编。分工如下：第一章由张鸿雁、李银侠编写；第二章至第五章由张鸿雁编写；第六章由王金虹、刘崇丽编写；第七章至第十一章由王金虹编写。全书由王金虹统稿和定稿。

教材编写过程中，得到了省内部分师范院校的大力支持，在此，对给予我们工作鼎力相助的同仁们表示衷心的感谢。

由于编写者的水平有限，难免出现疏漏和不足，恳请各位专家学者和同行赐教指正。我们会不断努力，使其更加完善。

编者

2012年4月

目 录

第一章　地球与地图

第一节　认识地球

一、地球的形状

现在人们对地球的形状已有了一个明确的认识：地球并不是一个正球体，而是一个两极稍扁，赤道略鼓的不规则球体。但得到这一正确认识却经历了相当漫长的过程。

地球是球体或近似球体。实际上从地心到地表任何一点的长度都不相同，它实际形状应近似梨形（图1. 1）。

后来人们根据太阳、月球的形状，推测地球是个球体，于是就有了“地球”的概念。1519—1522年，葡萄牙航海家麦哲伦率领的船队，首次实现了人类环绕地球一周的航行，证实了地球是一个球体。

20世纪，人类进入了太空，从太空观察地球，并且从人造卫星上拍摄了地球的照片，确立了地球是一个球体（图1. 2）。

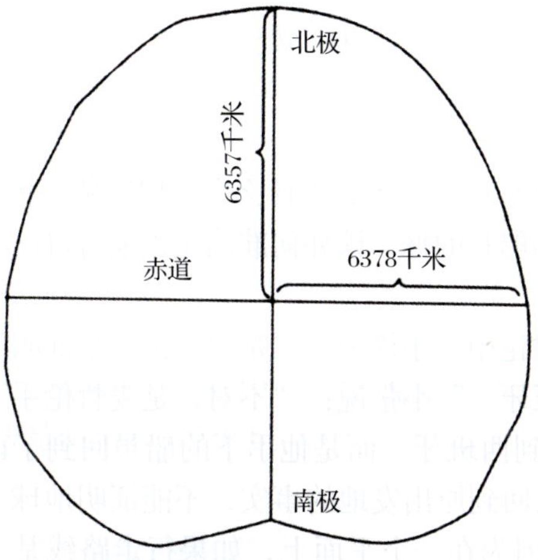

图1.1　地球的形状

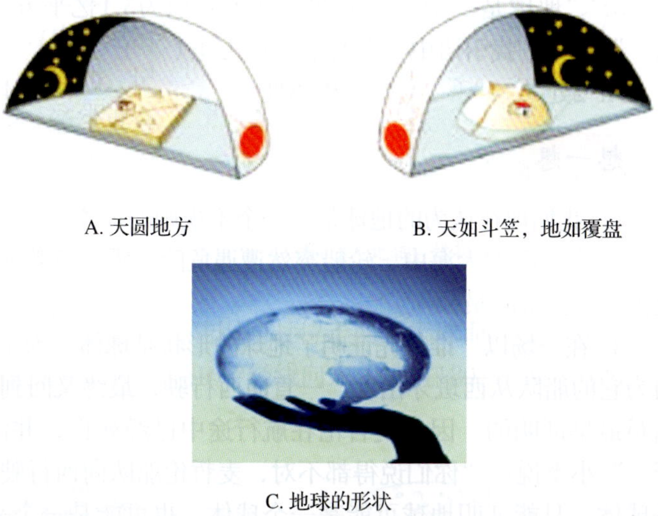

图1.2　人类认识地球形态的过程

练一练

选择题

1. 最先证明地球是球形的事件是（　）

A. 哥伦布到美洲大陆　　　　B. 麦哲伦环球航行

C. 人造地球卫星的发射和使用　　　　D. 大地测量技术的产生与进行

2. 在日常生活中，能够说明大地是球形的自然现象是（　）

A. 太阳东升西落　　B. 站得高，看得远　　C. 水往低处流　　D. 日全食

想一想

1. 从你所在的学校出发一直向北走，是否能返回到学校？
2. 经线指示南北方向，这样在南、北极点各有几个方向？

三、纬线与纬度

在地球仪上与地轴垂直，环绕地球仪一周的圆圈，叫做纬线。所有的纬线都是圆。纬线指示东西方向。纬线的长度有长有短，赤道最长，向两极逐渐缩短，最后成一点。60°纬线长度为赤道的一半。

为了区别每一条纬线，人们给纬线标定了不同的度数，这就是纬度（图1.7）。赤道是零度纬线，由赤道向南、向北各划分90°。北极和南极分别是90°N和90°S。某地的纬度实质上是某地到地球球心的连线与赤道平面的夹角。人们把纬度数值划分为三等份，称作低、中、高纬度，即0°～30°之间为低纬度，30°～60°之间为中纬度，60°～90°之间为高纬度。以赤道为界，将地球平分为南、北两个半球（图1.8）。

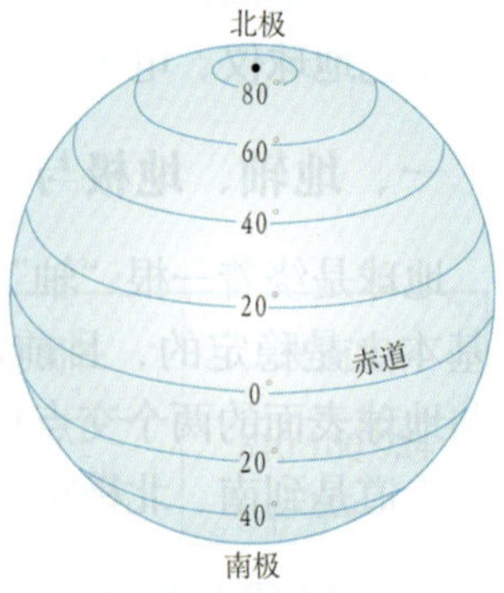

图1.7 纬线、纬度

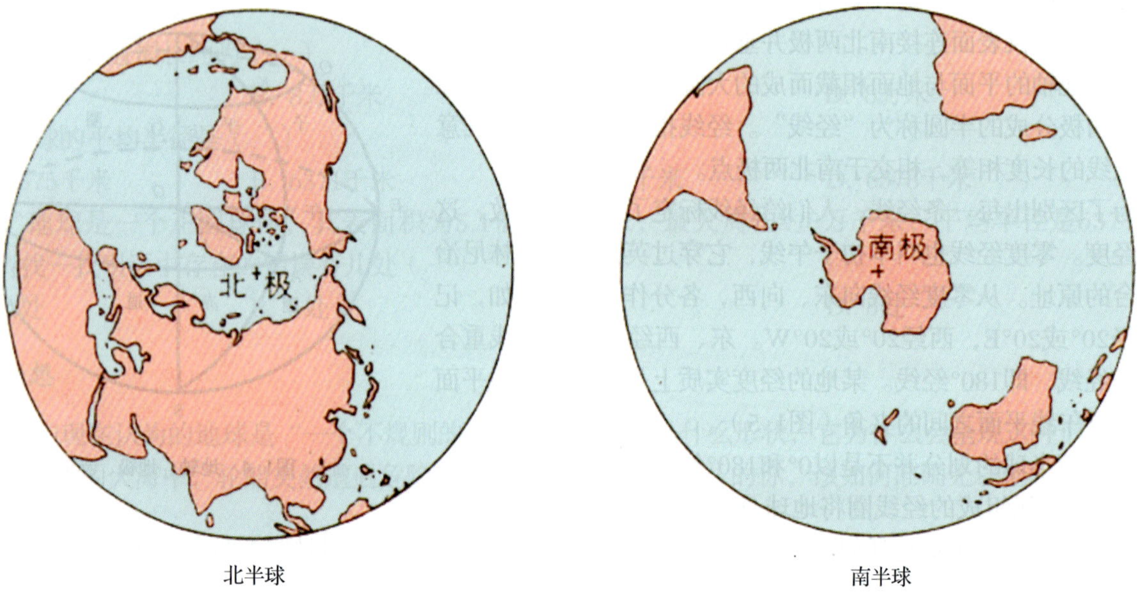

图1.8 南、北半球的海陆分布

想一想

从你所在的学校出发，追赶太阳落下方向前行，是否能够返回学校？

四、经纬网

在地球仪上，经纬线相互交织，构成经纬网（图1.9），利用经纬网可确定任何一点的地理位置（地理坐标——经度和纬度），同时可确定两点的方位。

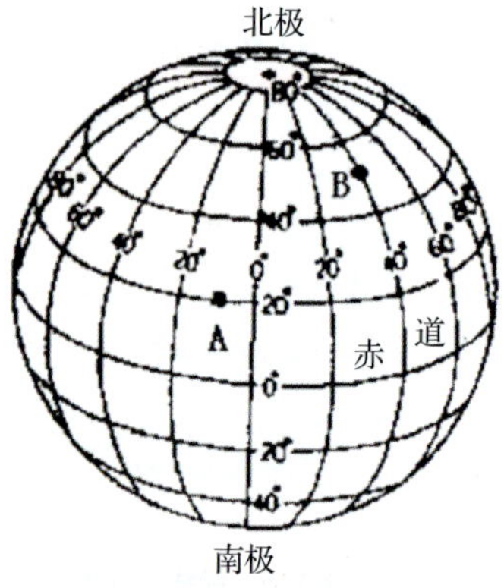

图1.9 经纬网

辨别两点方位的方法：

辨南北：两点同是北纬，数值越大越偏北；两点同是南纬，数值越大越偏南；两点分别位于南、北纬，北纬偏北，南纬偏南。

辨东西：两点同是东经，数值越大越偏东；两点同是西经，数值越大越偏西；两点分别位于东、西经，如果两点经度数之和小于180°，东经在东，西经在西；若两点经度数之和大于180°，东经在西，西经在东。

练一练

运用你学会的读图技能，读“甲、乙经纬网示意图”后，填写下表：

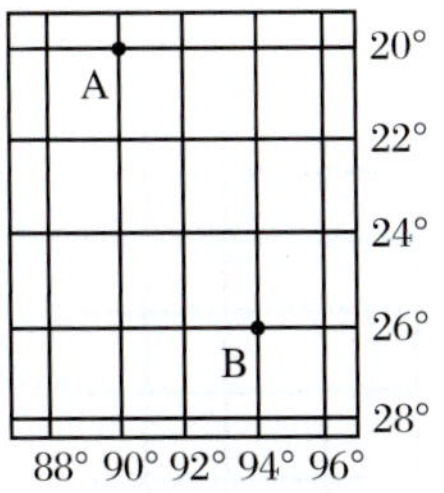

甲

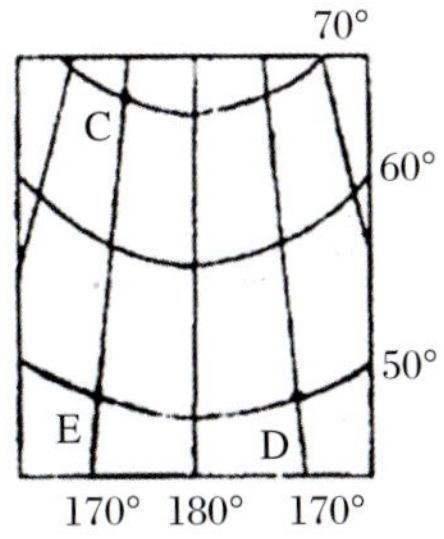

乙

	经度	纬度	东/西半球	北/南半球	低/中/高纬度
A					
B					
C					
D					
E					

读一读

基多赤道纪念碑

厄瓜多尔赤道纪念碑分为新、旧两座。旧碑落成于1774年，位于西经78°27′8″和纬度0°交叉的厄瓜多尔的首都——基多以北24千米的加拉加利镇（图1.10）。

图1.10　基多赤道纪念碑

在全世界赤道穿过的国家有10多个，但建有纪念碑的只有厄瓜多尔和索马里这两个国家。厄瓜多尔基多赤道纪念碑，碑身上刻有“这里是地球的中心”字样。碑顶是一个醒目的大型石刻地球仪，上面有一条象征赤道的白色中心线，从上至下与碑东、西两侧台阶上的白线相连，这条白线把地球分为南、北两部分。厄瓜多尔基多赤道纪念碑于1978年被联合国公布为世界文化遗产。

1981年，厄瓜多尔政府决定在此碑附近的埃基诺西亚尔谷再建一座新的赤道纪念碑。新碑落成于1982年8月9日。碑的东西刻着：西经格林尼治78°27′8″，纬度0°0′。

另外，索马里赤道纪念碑位于索马里南部港口城市基斯马尤以北60千米处。它是一座3米高的水泥建筑物，顶端装有地球仪和一根东西向的指针，作为赤道线的标志。

图1.11　庭院中的赤道线

庭院中的赤道线

庭院中间这棵树，大有来历。肯尼亚山其实是真正的“赤道雪山”。这棵树下那条石板道，就是赤道线！正穿过肯尼亚山麓，穿过肯尼亚这最负盛名的富豪俱乐部。很多国际游客在路边简陋的赤道线观景点木牌下大摆POSE的时候，这里只有凉风飒飒，树影摇动（图1.11）。

练一练

一、选择题

1. 甲地(0°，90°E)、乙地（60°N，90°E）、丙地（0°，40°E）、丁地（60°S，40°E）距本初子午线的距离由大到小的排列是（ ）

A. 丁、丙、乙、甲　B. 甲、乙、丙、丁　C. 甲、丙、丁、乙　D. 丙、丁、甲、乙

2. 甲、乙两地之间，无论从甲地到乙地，还是从乙地到甲地最近的走法都是先向北走，再向南走，据此判断，甲、乙两地可能同处在（ ）

A. 赤道附近　B. 南极附近

C. 北极附近　D. 不可能有此情况

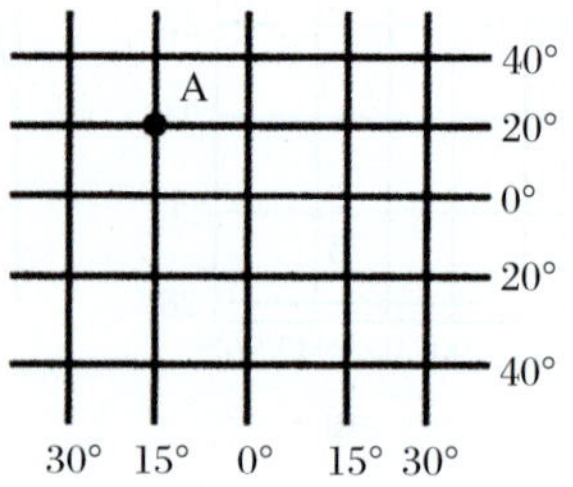

3. 关于右图中A点位置的说法，正确的是（ ）

A. A点的纬度是20°S，经度是15°

B. A点的纬度是20°N，经度是15°E

C. 根据东、西半球的划分，A点位于东半球

D. 根据南、北半球的划分，A点位于南半球

二、问答题

1. 在地球仪上，查看辽宁省省会沈阳和自己学校所在地的经、纬度各是多少？属于哪个半球？

2. 家住冀州的小红，一天接到在远洋航船上工作的爸爸的电话。爸爸说："我们的轮船正停在这样一个地方：轮船的北侧是北半球，南侧是南半球，东侧是东半球，西侧是西半球。"小红的爸爸电话中说的地方是真的吗？请说明你的理由。

第三节　地图三要素

地图是依据一定的数学法则，使用制图语言，通过制图综合在一定的载体上，表达地球（或其他天体）上各种事物的空间分布、联系及时间中的发展变化状态的图形。

地图是我们日常生活和学习地理不可缺少的工具。它用途广泛，外出旅行、行军作战、兴修水利等都离不开地图，它也是获取地理知识的重要源泉。地图在反映地面景物时，要对它们进行选择或者综合，运用各种符号，按照一定比例缩小后表示在平面上。比例尺、方向和图例是地图的三要素。

一、比例尺

看地图，要学会读比例尺。为了使用方便，比例尺多用线段表示，即在地图上画一条线段，注明1厘米代表实地距离多少千米。有的地图采用数字比例尺，例如1∶6 000 000，表示图上1厘米代表实际距离60千米。

比例尺是个分式，分母越大，比例尺越小，在地图上所画的区域范围越大，表示的内容越简单；反之，分母越小，比例尺越大，表示的范围越小，表示的内容越详细。

练一练

1. 在比例尺为"1厘米代表实地距离1000千米"的东西半球地图上。赤道的长度应该是几厘米？

2. 在比例尺是1∶6 000 000的地图上，量得南京到北京的距离是15厘米。如果把南京到北京的距离画在比例尺是1∶5 000 000的地图上，应该画多少厘米？

二、方向

一般情况下，地图上的方向是，面对地图：上北、下南、左西、右东。

在有指向标的地图上，要根据指向标确定方向。一般地图上箭头所指方向为北，面对指向标，前北后

南，左西右东。

经纬网地图包括方格状或圆弧经纬网图，其方向的确定为：辨南北，纬度数值向北递增为北，反之为南；辨东西，东经度数值的递增方向为东，西经度数值的递增方向为西。

南北极为中心经纬网图，其方向的确定为：辨南北，自转方向逆时针，中心为北极，否则南极；辨东西，自转箭头方向指东，箭尾方向指西。

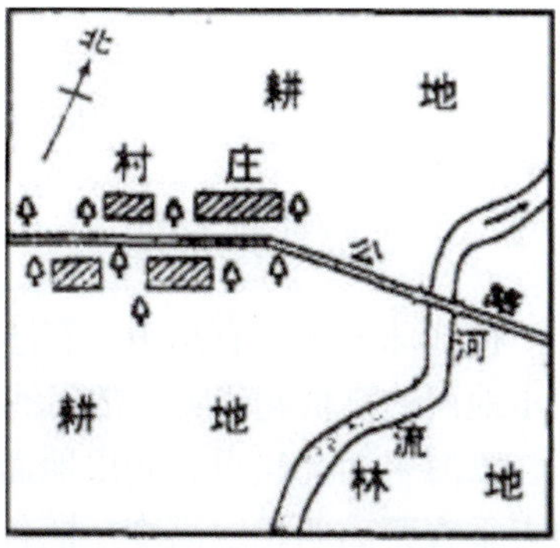

练一练

填空题

1. 右图中，公路的方向是____________。

2. 位于北京正东方地点的纬度是____________________，经度是__________________。

三、图例和注记

看地图还要学会认识图例和注记。图例和注记帮助我们区别不同类型的地理事物，了解它们的特征。图例是地图上表示各种地理事物的符号；注记是用来说明山脉、河流、国家、城市等名称的文字，以及表示山高、水深的数字。常用的图例符号有统一规定（图1.12）。

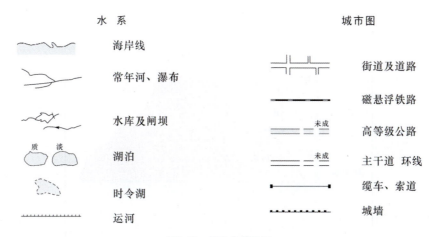

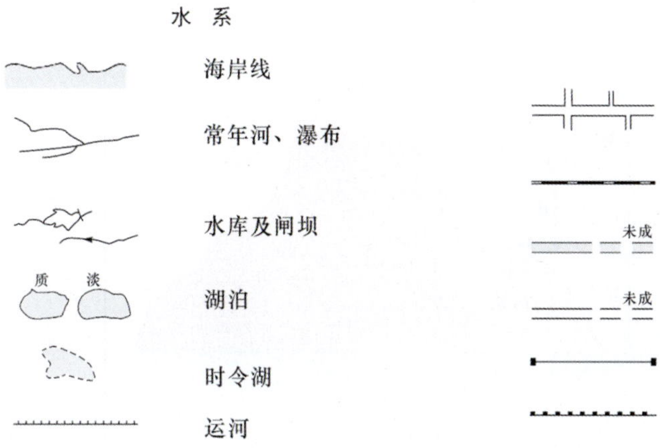

图1.12　部分常用图例

练一练

选择题

1. 读右图，完成（1）~（2）题。

（1）甲、乙、丙三艘船同时出发驶向180°经线，而且同时到达，速度最快的是（　）

A. 甲　　B. 乙

C. 丙　　D. 乙和丙

（2）有关甲、乙、丙附近三个阴影区域比例尺大小的叙述，正确的是（　）

A. 甲的比例尺最小，丙的比例尺最大

B. 甲、乙、丙的比例尺相同

C. 甲大于乙，乙大于丙

D. 乙的比例尺最小

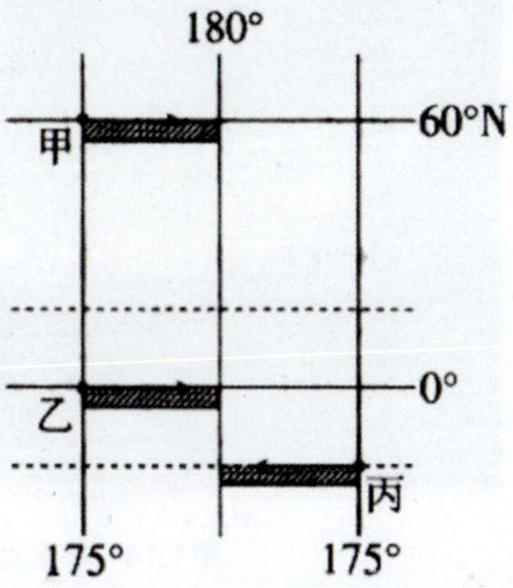

2. 一幅地图比例尺为1 : 500 000，图幅面积为10 000平方厘米。根据需要，现用1 : 1 000 000的比例尺绘制同一地区的地图，据此完成（1）~（2）题。

（1）新图图幅的面积为（　）

A. 20 000平方厘米　B. 5000平方厘米　C. 250平方厘米　D. 2500平方厘米

（2）新图与原图相比，表示的地理事物（　）

A. 更详细　B. 较粗略　C. 没有变化　D. 相对位置发生变化

第四节　地形图

一、等高线地形图

在地球表面，有高山，有洼地，高低起伏变化很大。而我们画的地图是平面的。那么，怎样在地图上表示地面的高低起伏呢？常用的方法是用等高线来表示。

以海平面为起点，测出地面某个地点高出海平面的垂直距离，即海拔（图1.13）。某个地点高出另一地点垂直距离叫相对高度。把各个地点的海拔标注在地图上，再把海拔高度相同的点连接成线，就是等高线（图1.14）。地图上，把海洋中深度相同的各点连接成线，叫等深线。

等高线总体闭合，局部表示不闭合。等高线上一般都标有高度，例如，50米、100米等。同一幅图上，等高距相等（图1.15）。

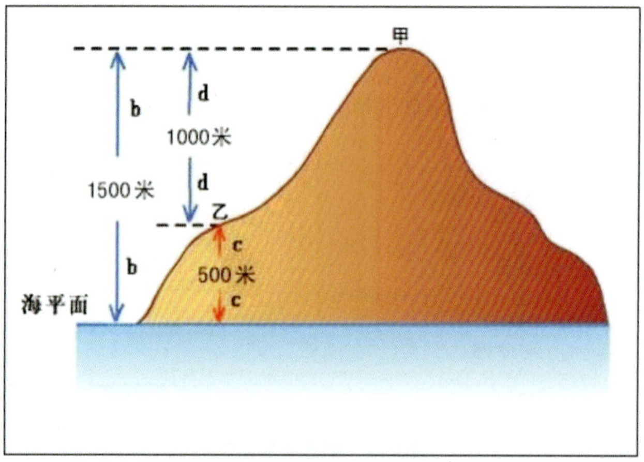

图1.13　海拔的计算

图1.14　等高线模型

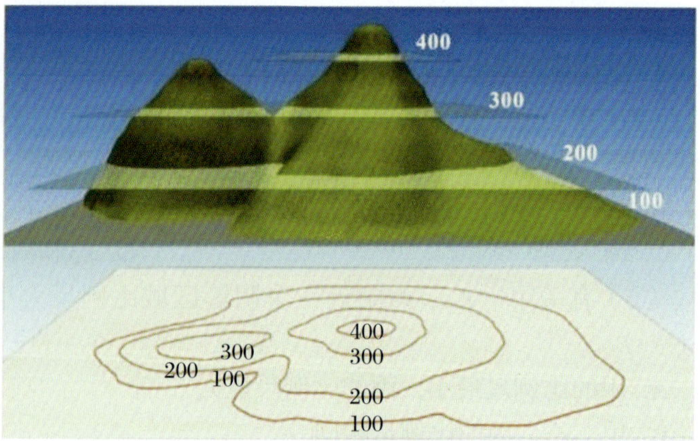

图1.15　等高线示意图

从等高线或者等深线的疏密状况，可以判断地面的高低起伏，或者海底坡度的大小。坡陡的地方，等高线密集；坡缓的地方，等高线稀疏。山地不同部位，等高线形态也不一样（表1.2）。

表1.2　等高线地形图判读

地　形	表示方法	示意图	等高线图	地形特征	说　明
山地、山峰	闭合曲线内高外低为山峰，符号“▲”		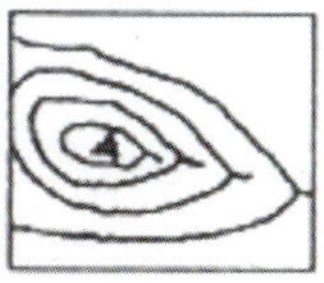	地形起伏大，山顶中间高四处低	示坡线画在等高线外侧，坡度向外侧降
盆地、洼地	闭合曲线外高内低	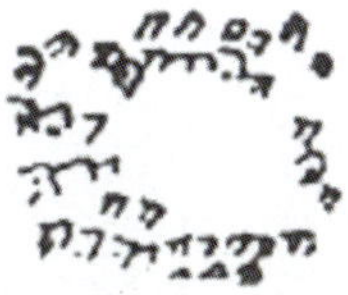	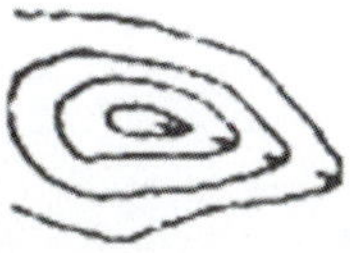	四周高中间低	示坡线画在等高线内侧，坡度向内侧降
山　脊	等高线向低处凸			从山麓到山顶高耸的部分	山脊线也叫分水岭
山　谷	等高线凸向高处		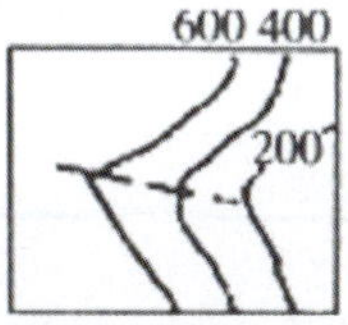	山脊之间低洼部分	山谷线也叫集水线
鞍　部	由一对山脊等高线组成			相邻山顶之间呈马鞍形	鞍部是山谷线最高处，山脊线最低处
峭壁陡崖	多条等高线重叠在一起		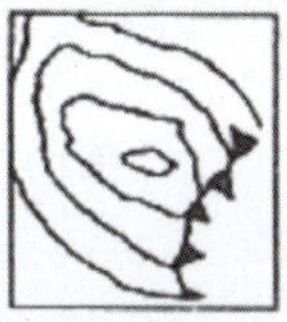	近于垂直的山坡，称峭壁。崖壁上部凸出处，称悬崖或陡崖	

练一练

连线题

用线连接下面等高线地形图所代表的地形名称。

①山顶　　A. 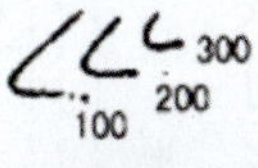

②山脊　　B. 

③山谷　　C. 

④鞍部　　D. 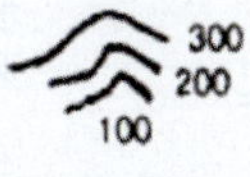

二、分层设色地形图

按照越高越亮或者越高越暗的原则，在不同的等高线之间，着上不同的颜色，可以一目了然地看出地面的高低形态（图1.16、图1.17）和海底的起伏状况。

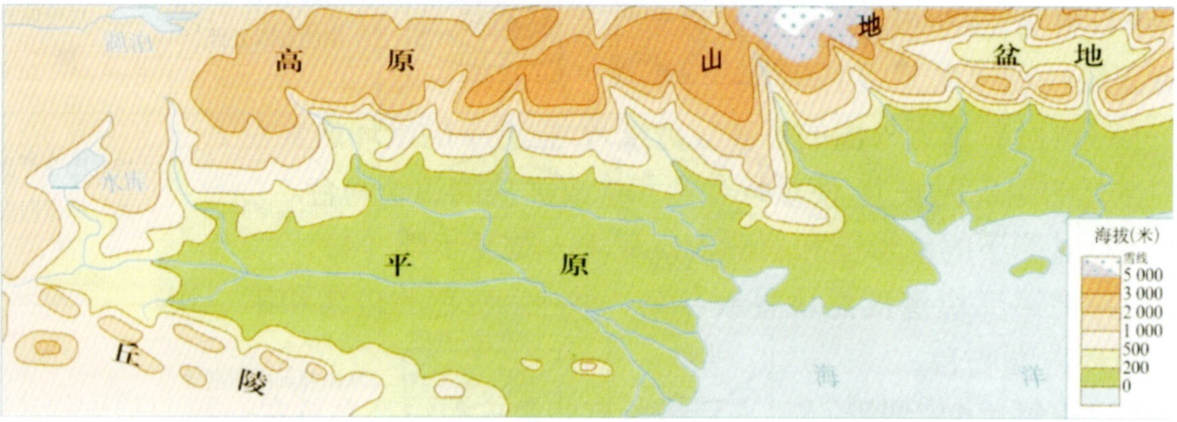

图1.16　分层设色地形图

图1.17　地形素描图

想一想

在分层设色地形图上，绿颜色的地区一般是表示什么地形类型?

三、地形剖面图

地形剖面图可以直观地表示地面上沿某一方向地形的起伏状况。在等高线地形图上，沿着某个方向画一直线，然后将该直线与等高线的交点一一投射到间隔高度相同的平行线，得到不同的交点，把这些交点用平滑的曲线连接起来，就得到地形剖面图（图1.18）。步骤如下:

建坐标：水平比例尺和垂直比例尺。

移线点：把剖面线与等高线在图上的交点移到横坐标上。

定高程：确定横坐标上各点对应的高度点。

连曲线：把相邻的高度点，按地势起伏用圆滑曲线连接起来。

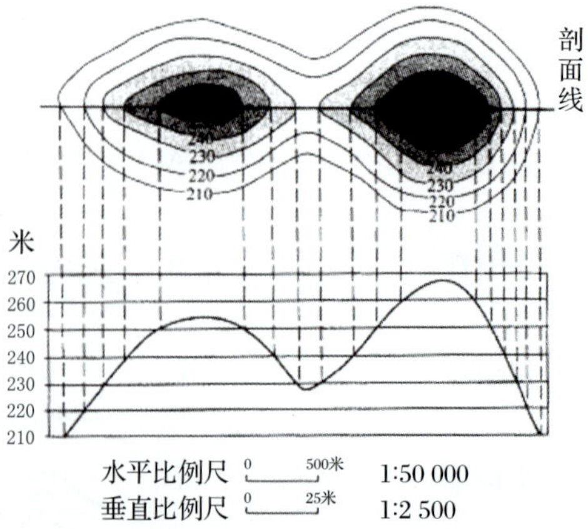

图1.18　地形剖面图的绘制方法

练一练

选择题

1. 最能直观表示地面高低起伏和坡度陡缓的地图是（　）

A. 分层设色地形图　　B. 地形剖面图　　C. 经纬网地图　　D. 等高线地形图

2. 下图为等高线地形图，读图完成（1）~（3）题。

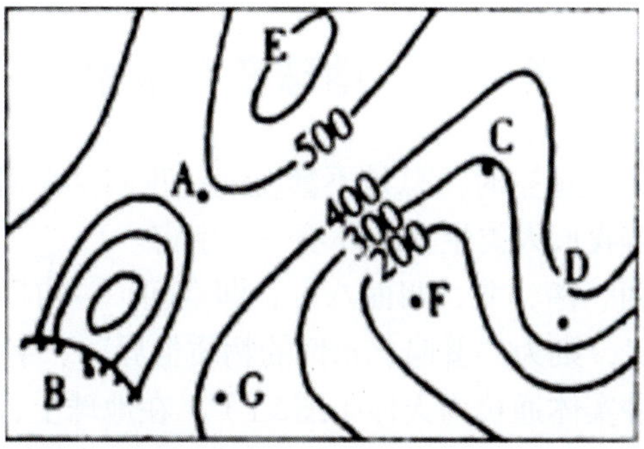

（1）等高线地形图中，两个山顶之间较低部分为鞍部，那么图中表示鞍部的是（　）

A. A处　　B. B处　　C. C处　　D. D处

（2）如果让你在图中绘制一条小河，你认为应该把小河画在（　）

A. A~B处　　B. C~F处　　C. A~F处　　D. E~F处

（3）在图中，把A、B两点连成一条直线，相交到图的边缘，得出一条剖面线，利用这条剖面线画一幅地形剖面图。

3. 下图为“我国沿海某地等高线示意图”，读图完成（1）~（3）题。

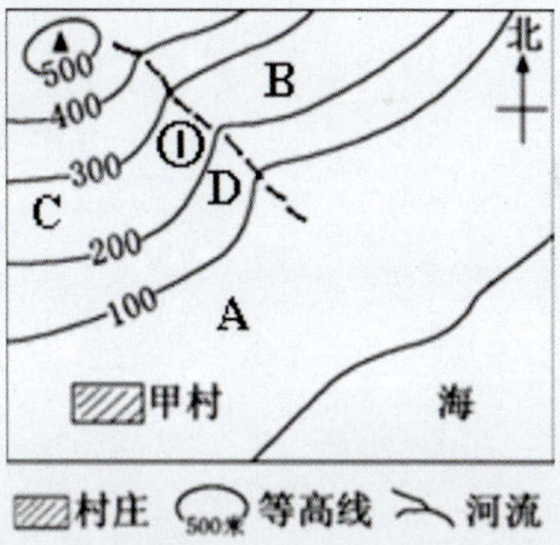

（1）图中山顶的海拔是（　）

A. 500米　　B. 400米　　C. 500 ~ 600米　　D. 无法确定

（2）图中①处虚线所表示的地形部位是（　）

A. 山顶　　B. 山脊　　C. 山谷　　D. 山坡

（3）该地的甲村欲开垦一处水田，图中字母所表示的四地中最合适的是（　）

A. A地　　B. B地　　C. C地　　D. D地

第二章　从宇宙中看地球

第一节　地球在宇宙中

生活在地球上的人们仰望着广袤星空时，总是不禁发问：我们身在何处？我们从何处来，又到何处去呢？要回答这个问题，就需要了解我们人类生存的环境——宇宙。

在古代，“宇”指的是东、西、南、北，四面八方，即空间；“宙”指的是古往今来，早午昏晚，即时间。用近代的语言给宇宙下定义，则为“普遍、永恒的物质世界”。宇宙，一般当做天地万物的总称。

宇宙是物质的，宇宙中的各种实体通称为天体（图2.1）。在地球上，我们用肉眼或借助天文望远镜和

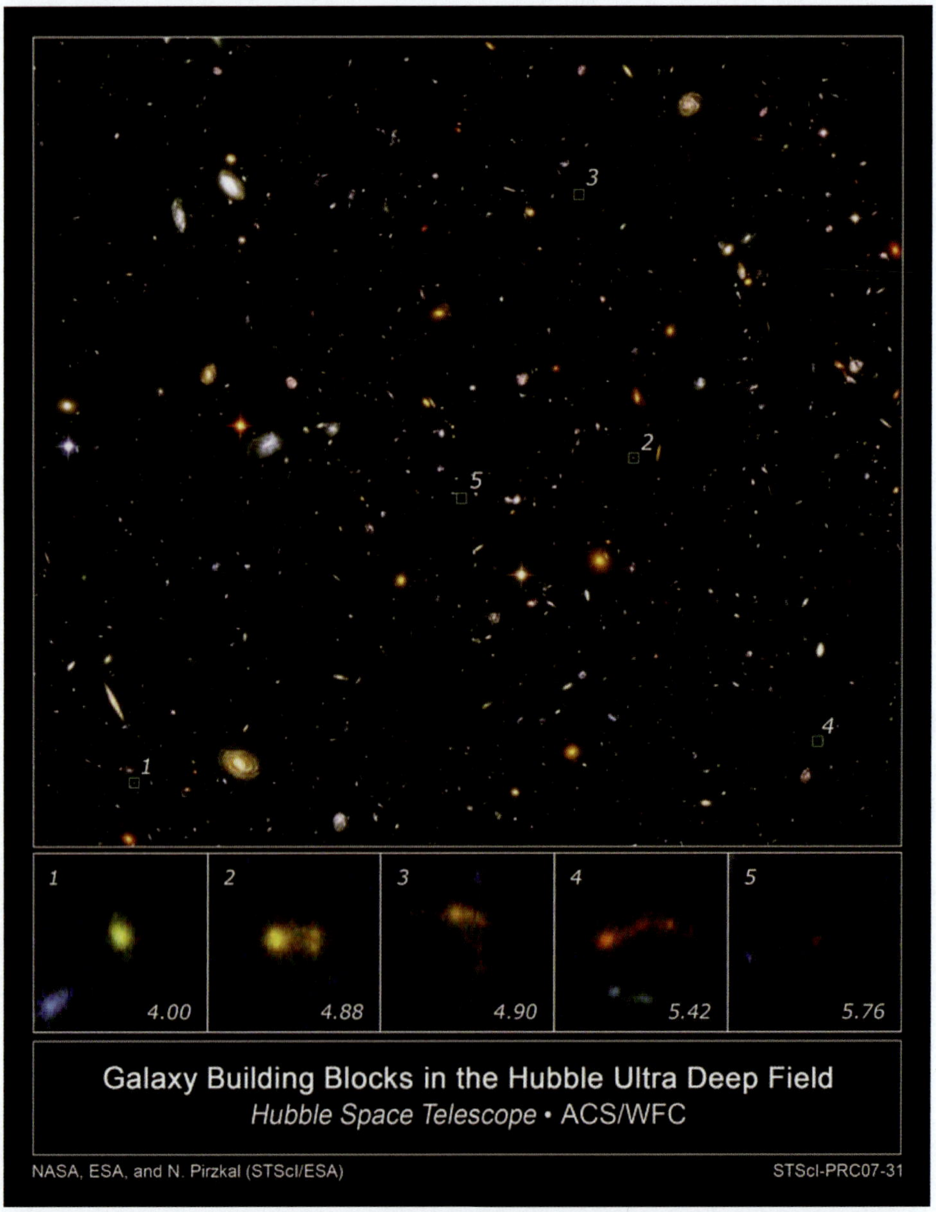

图2.1　浩瀚的宇宙

其他天文探测手段，可以发现宇宙中的天体是多样的，包括恒星、行星、星云、流星体、彗星和星际物质等（图2.2）。区别于这些自然天体，在太空中运行的人造卫星、宇宙飞船、航天飞机和空间实验室等属于人造天体。

宇宙中的天体处于不断的运动和发展之中。天体之间相互吸引、相互绕转，形成天体系统。天体系统有等级差异。目前，人们认识到的天体系统，从小到大有地月系、太阳系、银河系、总星系等。

a. 恒星是能自己发光发热的、巨大的气体大火球。恒星并非不动，只是因为离我们实在太远，不借助于特殊工具和方法，很难发现它们在天上的位置变化，因此，古代人把它们认为是固定不动的星体，叫做恒星。离地球最近的恒星是太阳，其次是处于半人马座的比邻星。

b. 星云是由气体和尘埃组成的外表呈云雾状的天体。它的温度较低，密度小，但是体积巨大。星云的主要组成物质是氢。现在普遍认为，星云是恒星的发源地。

c. 行星是在椭圆形轨道上环绕太阳运行的、近似球形的天体。质量比恒星小，本身不发光。

d. 彗星是在扁长轨道上绕太阳运行的一种质量较小的天体，呈云雾状的独特外貌。若彗星的轨道是椭圆形的，则会定期回归。

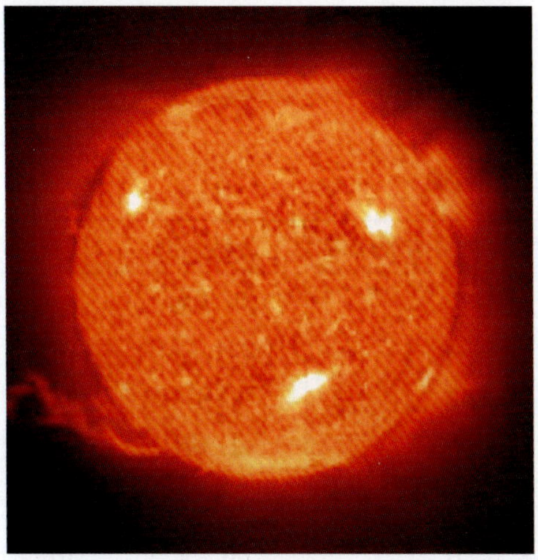

a. 太阳

b. 蟹状星云

c. 行星

d. 哈雷彗星

图2.2　宇宙中的天体

一、宇宙中的地球

在16世纪以前，人们认为地球是宇宙的中心，日月星辰都绕着地球运动。16世纪40年代，波兰杰出的天文学家哥白尼，根据自己多年天文观测的结果，首先提出了“日心说”，他认为地球不是宇宙的中心，而是一颗围绕太阳转动的小小星球。后来的科学研究，不断证实和发展了哥白尼的观点。现在人们已经知道，地球是太阳系中的一颗行星（图2.3），与太阳相距1.496亿千米。

图2.3 地球在太阳系中

因此，我们说地球是太阳系中的一颗普通行星。从表2.1中可以看出，在太阳系的八大行星中地球的质量、体积、平均密度、自转和公转运动有自己的特点，但并不特殊。

表2.1 太阳系八大行星的比较数据

行星		质量（地球为1）	体积（地球为1）	平均密度（克/立方厘米）	公转周期	自转周期
类地行星	水星	0.05	0.056	5.46	87.9天	58.6天
	金星	0.82	0.856	5.26	224.7天	243天
	地球	1.00	1.000	5.52	1年	23小时56分
	火星	0.11	0.150	3.96	1.9年	24小时37分
巨行星	木星	317.94	1 316.000	1.33	11.8年	9小时50分
	土星	95.18	745.000	0.70	29.5年	10小时14分
远日行星	天王星	14.63	65.200	1.24	84.0年	约16小时
	海王星	17.22	57.100	1.66	164.8年	约18小时

想一想

2880年3月16日，一颗编号为1950DA的小行星有可能与地球相撞，其概率为1/300，这是迄今为止对人类威胁最大的近地小行星。许多科学家相信，6500万年前一颗小行星撞击地球，导致了恐龙的灭绝。直径仅为100米的小行星，陨落到城市，其威力足以使整个城市从地球上消失。假如是直径大于1千米的小行星碰撞地球呢，后果不堪设想，必将导致全球性灾难。

要躲开这场浩劫，避免像恐龙一样灭绝的悲剧，唯一的办法就是改变小行星的轨道。假设你是一名研究小行星的专家，请你用通俗的语言向同学或家长描绘，小行星如果撞击地球，会带来哪些灾难，科学家为改变它的轨道需要做哪些努力，小行星上有丰富的矿产资源，人们能否变坏事为好事，开发利用。

二、地球上具有生命存在的条件

地球在宇宙中与众不同的原因是有生命物质的存在。生命在这颗星球上诞生，并改造这颗星球长达40亿年。从生态上看，地球的美丽是独一无二的。

为什么地球上会出现生命物质？这与地球所处的宇宙环境，以及地球本身的条件有着密切的关系。

1. 从地球的宇宙环境来看

太阳是单颗恒星，周围其他恒星比较稀疏。太阳附近的恒星密度小，有利于太阳的稳定。从太阳系诞生到地球上开始有原始的生命痕迹，中间经历了漫长的阶段。在这个阶段里，太阳没有明显的变化，地球所处的光照条件一直比较稳定，生命从低级向高级的演化没有中断。地球附近的行星际空间，大、小行星绕日公转方向一致，而且绕日公转轨道面几乎在一个平面上。大、小行星各行其道，互不干扰，使地球处于一种比较安全的宇宙环境之中。

2. 从地球本身来看

地球与太阳的距离适中，加上自转与公转周期适当，使得地球表面的平均温度为15℃，适于万物生长。而且，这样的温度能使水在大范围内保持液态，有利于生命过程的发生和发展。

地球的体积和质量适中，其引力可以使大量气体聚集在地球周围，形成包围地球的大气层。经过漫长的大气演化过程，逐渐形成了以氮和氧为主的大气。高空氧在太阳紫外线作用下形成臭氧层，臭氧层吸收太阳紫外线辐射，使之不能到达地表，保护了地表生物。

由上述可知，地球处于一个比较稳定和安全的宇宙环境中，自身又具备了生物生存所必需的温度、大气、水等条件，生物的出现和进化也就不足为奇了。然而今天的地球因为有了人类，就不仅是生态的星球，同时还是一颗文明的星球。

练一练

阅读下列材料，完成下列问题。

与其他行星相比较，地球的条件是非常优越的。首先，它与太阳的距离适中，加上自转周期（1天）与公转周期（1年）适当，使得全球能够接收适量的太阳光热。整个地球表面平均温度约为15℃，适于万物生长，而且能够使水在大范围内保持液态，形成水圈。而水星和金星离太阳太近，接受的太阳辐射能量分别为地球的6.7倍和1.9倍，表面温度分别为350℃和480℃；木星、土星距太阳又太远，所以太阳辐射的能量仅为地球的4%和1%，表面温度分别为–150℃和–180℃；更远的两颗行星的表面温度则都在–200℃以下，环境条件十分严酷。

（1）由上文看出，生命存在应具有________℃至________℃之间的温度，这是液态水的温度范围。

（2）为什么水星、金星表面温度很高，而天王星、海王星表面温度很低？温度过高或过低对生命形成、发展有什么影响？

（3）想一想，如果自转周期与公转周期不适当，对生命活动会产生什么影响？

第二节　太阳对地球的影响

一、太阳辐射对地球的影响

1. 太阳辐射

太阳是一个巨大炽热的气体球，主要成分是氢和氦，其表面温度约为6000K。太阳源源不断地以电磁波的形式向四周放射能量，这种现象被称为太阳辐射（图2.4）。

太阳辐射的能量是巨大的，尽管只有二十二亿分之一到达地球，但是对地球和人类的影响却是不可估量的。

太阳辐射能是维持地表温度，促进地球上的水、大气、生物活动和变化的主要动力（图2.5），是我们日常生活和生产所用的能源。

2. 太阳辐射的分布

我国幅员辽阔，大部分位于中纬度地区，太阳高度角比较大，太阳辐射能丰富。其中从大兴安岭向西南，经北京、兰州、昆明，再折向西北西藏南部，这一线以西、以北的广大地区，因晴天多、云雨天气少，太阳辐射能特别丰富，太阳能利用空间和潜力大。

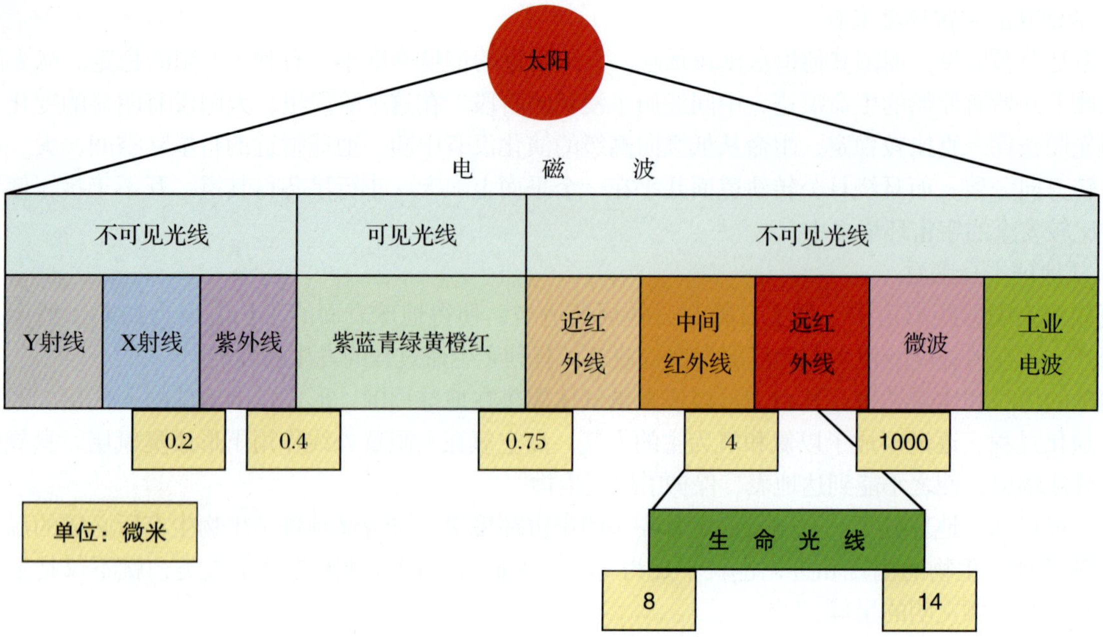

图2.4　太阳光谱示意图

图2.5　太阳为地球提供能量

想一想

1. 根据世界太阳能分布，分析太阳辐射的分布有什么规律？影响太阳辐射因素有哪些？
2. 根据我国太阳能分布，分析说明我国太阳辐射能的分布特点及原因？

二、太阳活动对地球的影响

1. 太阳结构与太阳活动

人类能够直接观测到的太阳，是太阳大气层。它从外到里分为日冕、色球、光球三层。

日冕是太阳大气最外层，可以延伸到几个太阳半径，甚至更远。它的亮度仅为光球的百万分之一，只有在日全食时或用特制的日冕仪才能看到。色球位于光球之上，呈玫瑰色，厚度约几千千米。它发出的可见光不及光球的千分之一，只有在日全食时或用特殊的望远镜才能看到。光球是用肉眼可以观测到的太阳表面，厚度约500千米。地球上接收到的太阳光基本都是由光球发射出来的。

太阳大气经常发生大规模的运动，称为太阳活动。太阳活动的类型较多，其中最主要的黑子和耀斑，它们是太阳活动的重要标志。

太阳光球常出现一些暗黑的斑点，叫做黑子。黑子实际上并不黑，只是因为它的温度比太阳表面其他地方低，所以才显得暗一些。根据长期的观察和记录，太阳黑子有的年份多，有的年份少，其变化的周期大约为11年。通常，黑子数目最多的地方和时期，也是耀斑等其他形式的太阳活动出现频繁的地方和时期。因此，太阳黑子的多少与大小，可以作为太阳活动强弱的标志。太阳色球有时会出现一块突然增大、增亮的斑块，叫做耀斑。

通常，黑子活动增强的年份是耀斑频繁爆发的年份，黑子所在区域上方也是耀斑出现频率最多的区域。耀斑随着黑子的变化同步起落，体现了太阳活动的整体性（图2.6）。

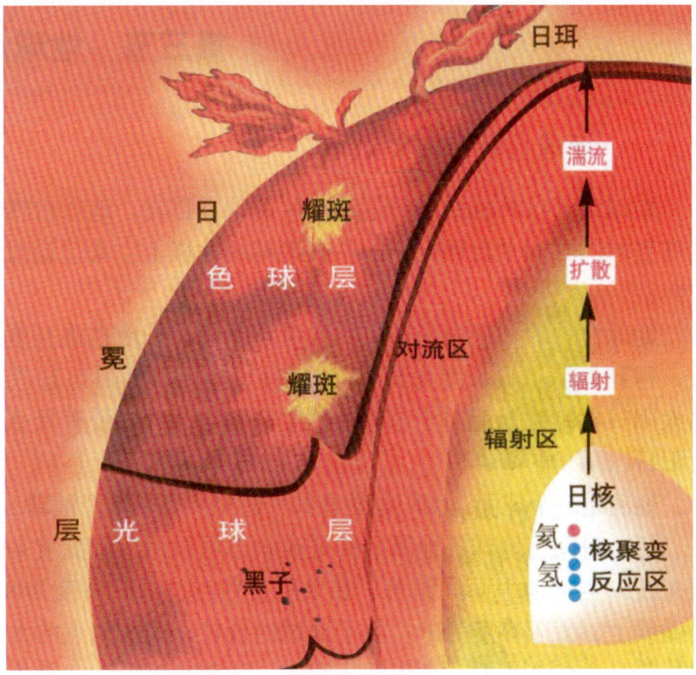

图2.6　太阳大气结构及活动

2. 太阳活动对地球的影响

太阳活动对地球的影响很大。当太阳黑子和耀斑增多时，其发射的电磁波进入地球电离层，会引起电离层扰动，使地球上无线电短波通信受到影响，甚至出现短暂的中断。太阳大气抛出的高能带电粒子流会扰动地球磁场，使地球磁场突然出现“磁暴”现象，导致软盘指针剧烈颤动，不能正确指示方向。如果太阳大气抛出的高能带电粒子高速冲进两极地区的高空大气，并与那里的稀薄大气相互碰撞，还会出现美丽的极光。近几十年的研究还表明，地球上许多自然灾害的发生与太阳活动有关，如地震、水旱等灾害。

练一练

问答题

下图表示北半球三个不同纬度带的降水量变化和太阳黑子的相关性。分析回答下列问题。

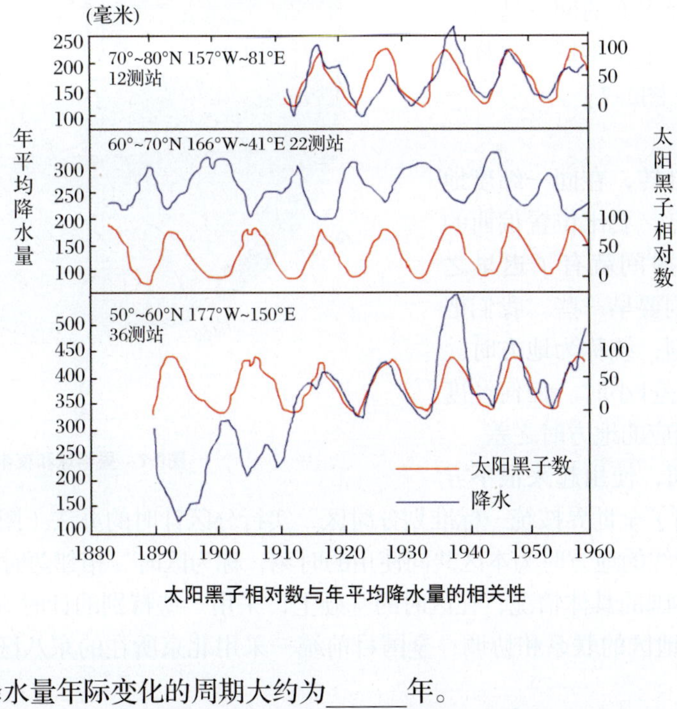

太阳黑子相对数与年平均降水量的相关性

（1）太阳黑子和降水量年际变化的周期大约为______年。

（2）不同纬度带的太阳黑子相对数与年平均降水量之间有怎样的相关性？

第三节 地球运动

一、地球自转与时差

地球绕其自转轴的旋转运动，叫做地球自转。地球自转轴简称地轴。它的北端始终指向北极星附近。地球自转的方向是自西向东的，在地球的北极上空看呈逆时针方向旋转，在地球的南极上空看则呈顺时针方向旋转。

地球自转的周期由于选定的参考点不同，长度也略有差别。如果以距离地球遥远的同一颗恒星为参考点，得到的恒星日长度为23时56分4秒。如果以太阳为参考点，得到的太阳日长度为24小时。虽然恒星日比太阳日要精确，但对于一般人的生产和生活，却没有什么实用的价值。人们日常所用的时间单位都是指太阳日。

地面是一个球面，太阳虽然在同一时刻照亮了半个地球，但却只直射地面上的一点，称为太阳直射点。

任一瞬间，地球各地所处的昼夜状态可以用太阳高度来表达。太阳高度是太阳高度角的简称，表示太阳光线对当地地平面的倾角。在太阳直射点，太阳高度为90°。从这一点向四周，太阳高度逐渐减小。在晨昏线上，太阳高度为0°。由于地球的自转，同一地点的太阳高度，从日出到正午是逐渐变大的，从正午到日落是由大变小的。正午的一瞬间，太阳高度最大，称为“正午太阳高度”。地球在自转过程中，产生以下地理意义。

1. 产生昼夜更替现象

由于地球是一个不发光，也不透明的球体，所以在同一时间里，太阳只能照亮地球表面的一半。向着太阳的半球，接受太阳光的照射，形成“昼半球”，是白天；背着太阳的半球，被地球本身的阴影所笼罩，形成“夜半球”，是黑夜。昼半球和夜半球的分界线，是一个大圆，叫做晨昏线。地球不停地自西向东的自转，地球表面的同一地点，有时位于昼半球，有时位于夜半球，这样就产生了昼夜交替的现象（图2. 7）。

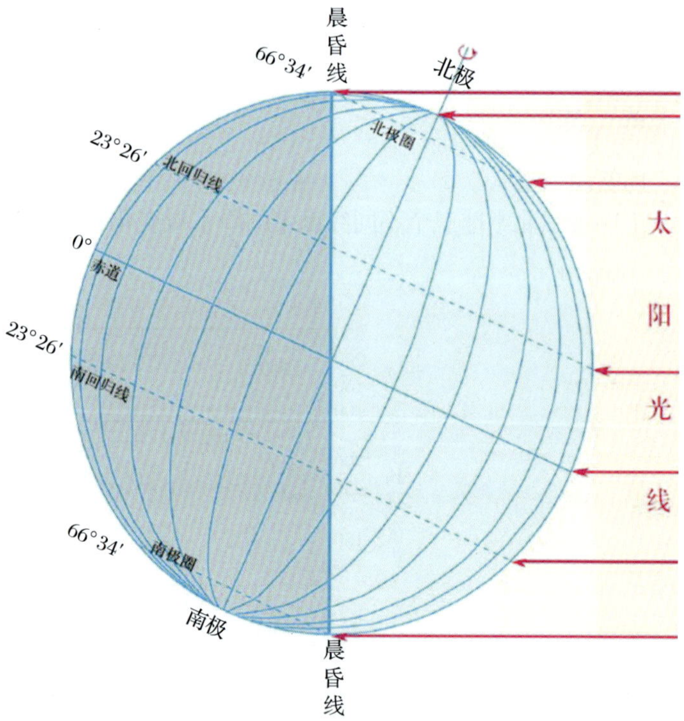

图2.7 昼半球和夜半球

2. 产生地方时

由于地球自西向东自转，在同一纬度地区，相对位置偏东的地点，要比位置偏西的地点先看到日出，这样时间就有了迟早之分。偏东地点的钟表时刻要早一些。我们把因经度而产生的不同时刻，统称为地方时。经度每隔15°，地方时相差1小时。任何经度的微小差别，都能造成相应的地方时之差。

地方时因经度而不同，使用起来很不方便。1884年，国际上采用了全世界按统一标准划分时区，实行分区计时的办法（图2.8）。全球共划分24个时区，各时区都以中央经线的地方时为本区共同使用的时刻，称为区时。相邻两时区的区时相差1小时。

实际上，各国根据本国的具体情况，在区时的基础上，采用一些特别的计时方法。例如，我国领土跨5个时区，为了便于不同地区的联系和协调，全国目前统一采用北京所在的东八区区时（即120°经线的地方时），称为北京时间。

为了避免日期紊乱，1884年的国际经度会议，规定了原则上以180°经线作为地球上“今天”和“昨天”的分界线，并把这条分界线叫做“国际日期变更线”，现改称“国际日界线”。地球上新的一天就从这里开始。

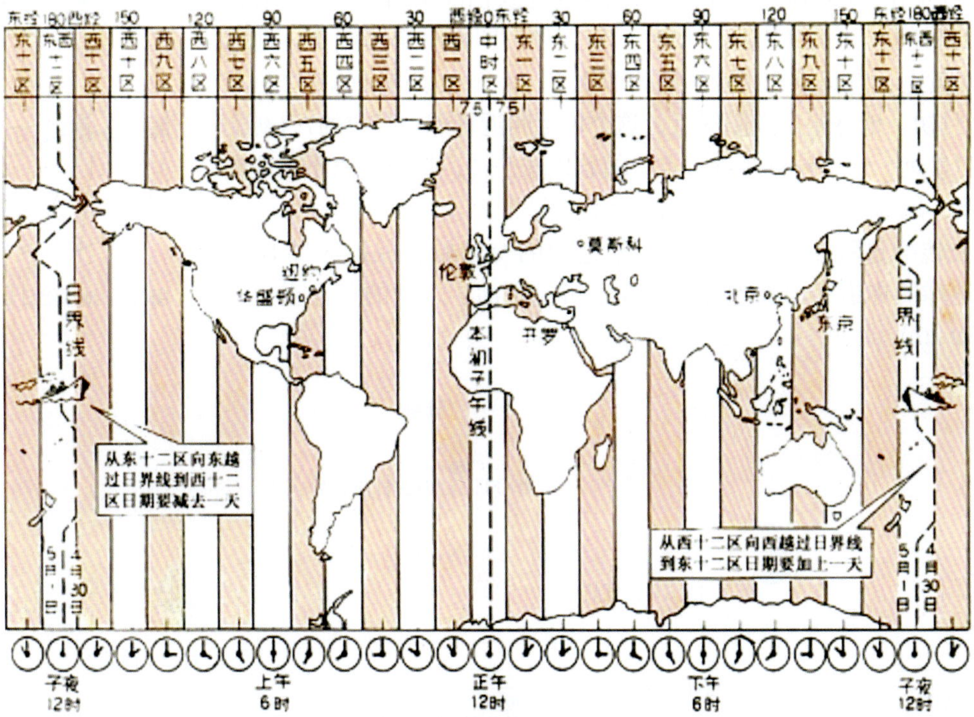

图2.8　世界时区划分图

3. 使地表水平运动的物体产生偏移

由于地球自转，地球表面的物体在沿水平方向运动时，其运动方向发生一定的偏转。在北半球向右偏转，在南半球向左偏转。这种现象在气流和水流的水平运动中表现得最为明显。我们把促使物体水平运动方向产生偏转的力，称为地转偏向力。

练一练

选择题

1. 有个妈妈乘轮船由上海去旧金山，在邻近日界线时，生一女孩，越过日界线后，又生一个男孩，只按生辰日期计算（　）

A. 女孩大　B. 男孩大　C. 日期和时辰都一样　D. 日期和时辰都不一样

2. 2002年1月1日，作为欧洲联盟统一货币的欧元正式流通，这将对世界金融市场格局产生重要影响。据此完成（1）~（2）题。

（1）假定各金融市场均在当地时间上午9时开市，下午5时闭市，在法兰克福（东经8. 5°）市场开市时买进欧元，12小时后欧元上涨，投资者想尽快卖出欧元，选择金融市场是（　）

A. 东京（东经139. 5°）B. 香港（东经114°）　C. 伦敦　D. 纽约（西经74°）

（2）在上述营业时间内，下列各组金融中心能保证24小时作业的是（　）

A. 法兰克福，新加坡（东经104°），伦敦　B. 东京，洛杉矶，纽约

C. 伦敦，香港，旧金山（西经122. 5°）　D. 伦敦，东京，纽约

3. 当北京时间为5月1日6点时，全球以哪两条经线为界分属两个日期（　）

A. 0°、180°　B. 20°W、160°E　C. 120°E、120°W　D. 30°E、180°

4. 当北京时间6月22日早晨8时30分的时候，全球未进入6月22日范围（　）

A. 多于一半　B. 少于一半　C. 恰好一半　D. 没有

二、地球公转与四季变化

地球在自转的同时又围绕太阳公转。方向也是自西向东的。地球的公转周期是一年的时间。其长度为365日5时48分46秒，叫做一个回归年。地球公转的轨迹叫黄道，它是近似正圆的椭圆形轨道，太阳位于椭圆的一个焦点上，每年的1月初，地球距离太阳最近，这个位置叫近日点。每年的7月初，地球距离太阳最远，这个位置叫远日点。随着地球公转，日地距离不断地发生细微的变化，地球公转速度也随之发生变化（图2.9）。

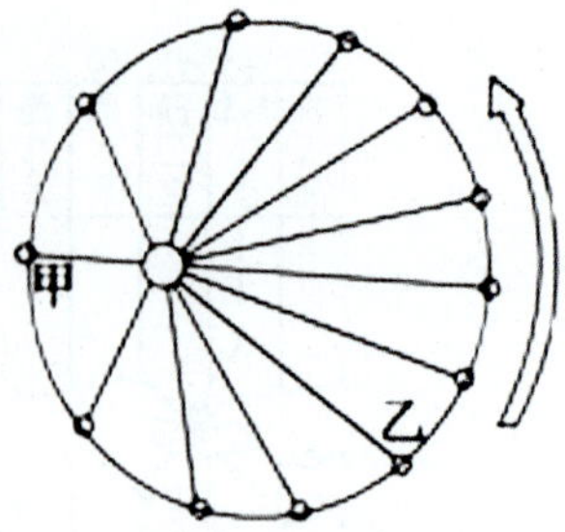

图2.9 地球绕日公转示意图

地球在公转的过程中，地轴与公转轨道面的交角始终保持66°34′不变。这样使地球的赤道平面和地球轨道面（黄道平面）之间的黄赤交角保持23°26′（图2.10）。

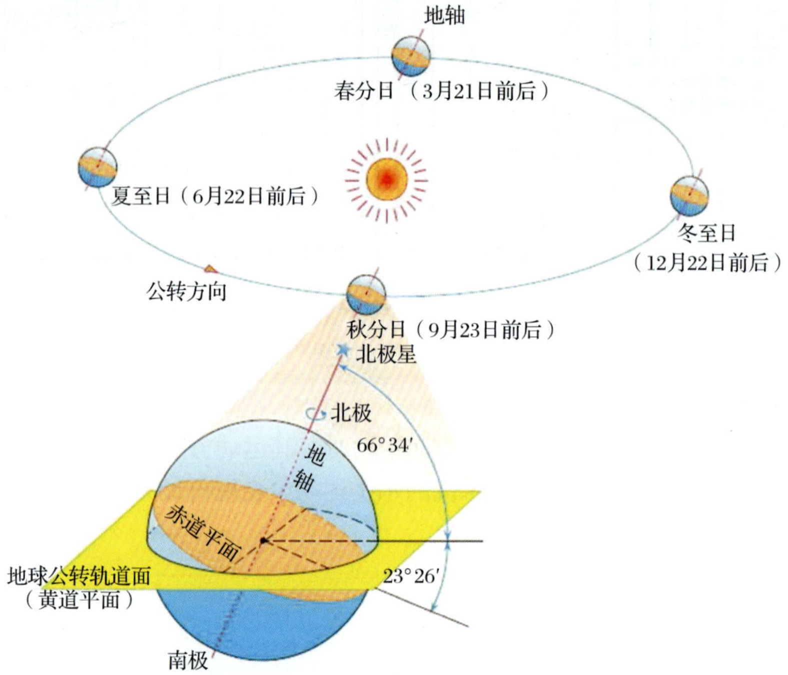

图2.10 地球的自转与公转、黄赤交角

由于有了黄赤交角的存在，地球在公转的过程中，太阳直射点的纬度不断变化。从冬至（12月22日前后）到夏至（6月22日前后），太阳直射点自南纬23°26′向北移动到达北纬23°26′，春分（3月21日前后）时经过赤道；从夏至到冬至，太阳直射点由北纬23°26′往南移动到南纬23°26′，秋分（9月23日前后）时经过赤道。在太阳直射点上，单位面积获得的太阳辐射能量最多。

太阳直射点的南北移动，使太阳辐射能在地球表面的分配，具有时间和地点的变化。这种变化可以通过昼夜长短和正午太阳高度的变化来体现（图2.11）。

1. 昼夜长短的变化

自春分日至秋分日，太阳直射北半球。北半球各纬度昼长大于夜长，纬度越高，昼越长夜越短。其中，夏至日这天，北半球各纬度的昼长达到一年中的最大值，从赤道到北极圈，白昼的时间逐渐从12小时增加到24小时；北极圈以北地区，太阳整日不落，出现极昼现象。南半球反之。

自秋分日至次年春分日，太阳直射南半球，北半球各纬度夜长大于昼长；纬度越高，夜越长昼越短。其中冬至日这一天，北半球各纬度的昼长达到一年中的最小值，从赤道到北极圈，白昼的时间逐渐从12小时减小到0；北极圈以北地区，太阳整日不出，出现极夜现象。南半球反之。

春分日和秋分日，太阳直射赤道，全球各地昼夜等长，各为12小时。

2. 正午太阳高度的变化

夏至日太阳直射北回归线，此时正午太阳高度从北回归线向南、北两侧递减。北回归线及其以北的各纬度，太阳高度达到一年中的最大值；赤道以南各纬度，正午太阳高度达到一年中的最小值。

冬至日太阳直射南回归线，此时正午太阳高度从南回归线向南、北两侧递减。南回归线及其以南的各纬度，太阳高度达到一年中的最大值；赤道以北各纬度，正午太阳高度达到一年中的最小值。每年春分日和秋分日，太阳直射赤道，太阳高度自赤道向两极递减。

综上所述，同一纬度地区，昼夜长短和正午太阳高度随季节而变化，使太阳辐射具有季节变化的规律，形成了四季。

3. 四季的划分

从天文含义看四季，夏季是一年内白昼最长，太阳最高的季节，也是获得太阳辐射最多的季节；冬季是一年内白昼最短，太阳最低的季节，也是获得太阳辐射最少的季节；春季和秋季是冬、夏两季的过渡季节，获得太阳辐射居中。为了使季节划分与气候变化相符合，现在北温带的许多国家在气候统计上一般把3、4、5三个月划分为春季，6、7、8三个月划分为夏季，9、10、11三个月划分为秋季，12、1、2三个月划分为冬季。南半球与北半球季节正好相反。

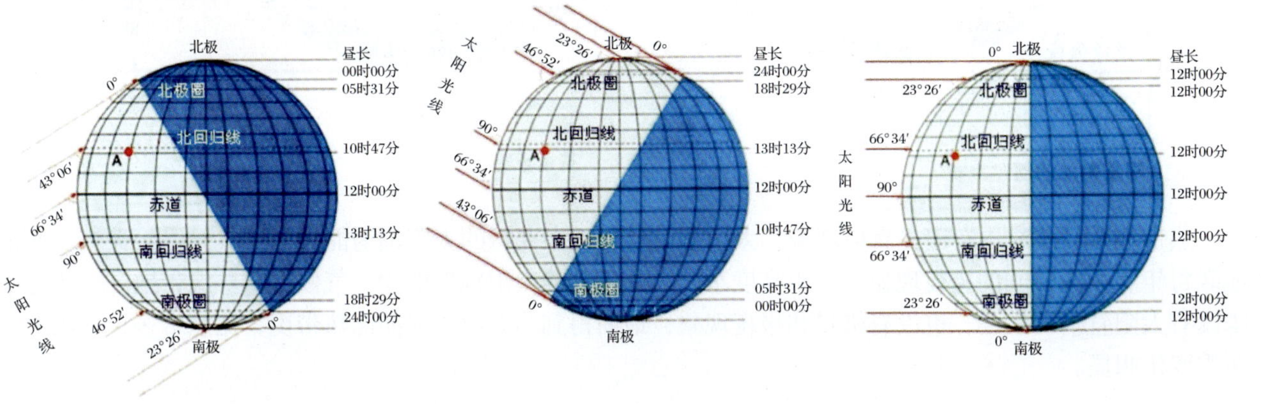

A. 冬至日全球的昼长和正午太阳高度角　B. 夏至日全球的昼长和正午太阳高　C. 春分日和秋分日全球的昼长和正午太阳高度角

图2.11 昼夜长短和正午太阳高度

练一练

选择题

1. 僧一行在受唐玄宗之命编制《大衍历》时发现“日南至（冬至），其行最急，急而渐损，至春分及中，而后迟，迨北至（夏至），其行最舒，而渐益之，以至秋分又及中，而后益急”。据此完成（1）~（2）题。

（1）僧一行的发现，实际上是（ ）

A. 昼夜长短的季节变化　　B. 在一年中地球公转速度的变化

C. 正午太阳高度的变化　　D. 太阳直射点的季节移动

（2）下列地理现象与僧一行的发现有因果关联的是（ ）

A. 地表水平运动物体的偏转　　B. 气压带、风带的季节移动

C. 北半球冬半年短于夏半年　　D. 南极地区比北极地区更寒冷

2. 2010年上海世博会于5月1日隆重举行，当日太阳直射点纬度最接近于（ ）

A. 12°N　　B. 18°N　　C. 23°N　　D. 30°N

三、五带的划分

因为在同一季节昼夜长短和正午太阳高度随纬度而变化，使太阳辐射具有纬度分异的规律，形成了五

带。五带的划分是以南、北回归线和南、北极圈为界限，把地球粗略地分为热带、南温带、北温带、南寒带、北寒带五个热量带。五带反映了太阳辐射年总量从低纬地区向高纬地区减少的规律。五带的划分虽然比较简单，但它是进一步研究地球表面地域分异规律的基础（图2.12）。

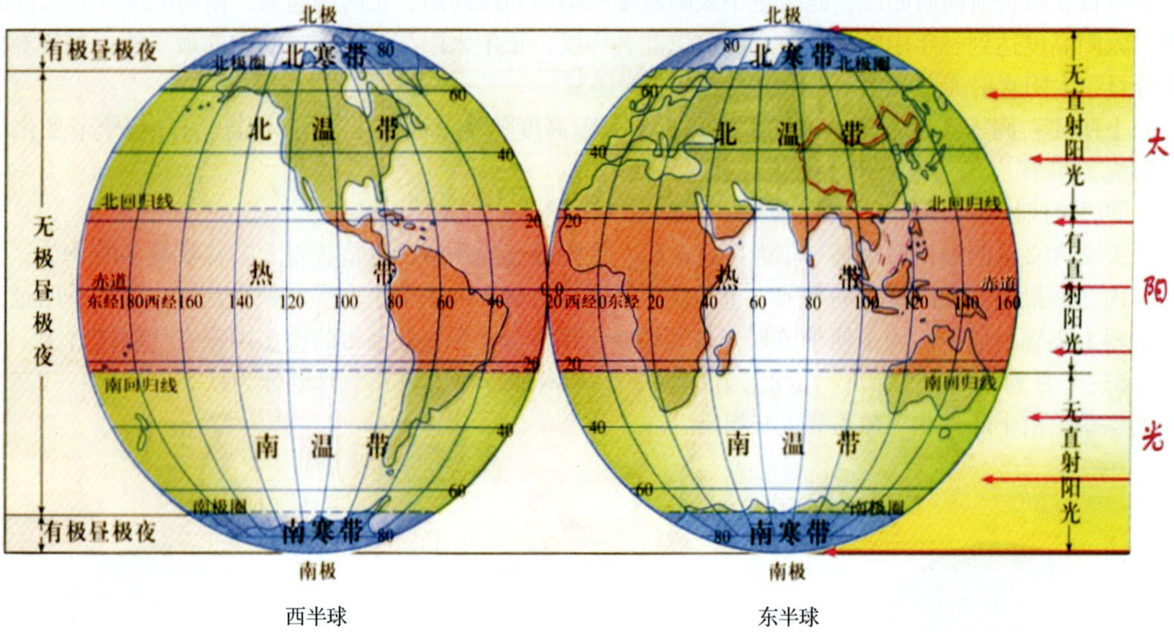

图2.12 五带的划分

热带地区一年之中有阳光直射现象，太阳高度大，地面获得的太阳辐射能最多，气候终年炎热。寒带地区每年有一段时间的极夜现象，太阳高度小，地面得到的太阳辐射能少，气候寒冷。温带地区一年之中既没有太阳直射的机会，也没有极昼和极夜现象，地面得到的太阳辐射能比热带少，比寒带多，气候上的四季变化明显。

练一练

一、选择题

1. 北半球每年从春分日到秋分日，太阳直射点（ ）

A. 一直向南移 B. 一直向北移 C. 先向南移后又向北移 D. 先向北移后又向南移

2. 有关正午太阳高度变化的叙述，正确的是（ ）

A. 赤道上每天正午太阳高度相等

B. 正午太阳高度就纬度分布而言，春秋二分由赤道向南、北两侧降低

C. 正午太阳高度就季节变化而言，赤道以北的纬度，每年6月22日前后达最大值，12月22日前后达最小值

D. 南北回归线上，太阳每年直射两次

3. 晨昏线与经线圈的关系是（ ）

A. 每天重合一次 B. 在二分日重合 C. 在二至日重合 D. 不确定

4. 6月22日这一天，下列城市中白昼最长的是（ ）

A. 莫斯科 B. 悉尼 C. 新加坡 D. 广州

5. 北半球冬至日，下列城市白昼由长到短的排序是（ ）

A. 广州、北京、哈尔滨、南京 B. 哈尔滨、北京、南京、广州

C. 广州、南京、北京、哈尔滨 D. 哈尔滨、广州、北京、南京

6. 我国某地有一口井，一年中只有一天太阳直射井底，该地位于（ ）

A. 北纬20° B. 赤道上 C. 北回归线上 D. 南回归线上

7. 当中国公民在欢度“十一”国庆节后的一小段时间里（　）

A. 太阳直射北半球，北半球昼渐长夜渐短　　B. 太阳直射北半球，北半球昼渐短夜渐长

C. 太阳直射南半球，南半球昼渐长夜渐短　　D. 太阳直射南半球，南半球昼渐短夜渐长

8. 下列几个节日中，地球公转速度最快的是（　）

A. 元旦　　B. “五一”劳动节　　C. “六一”儿童节　　D. 中国的国庆节

9. 北半球夏至日的前后几天里（　）

A. 太阳直射北半球，且公转速度越来越快　　B. 太阳直射北半球，且公转速度越来越慢

C. 太阳直射南半球，且公转速度越来越快　　D. 太阳直射南半球，且公转速度越来越慢

二、填空题

1. 读右图，完成（1）~（3）题。

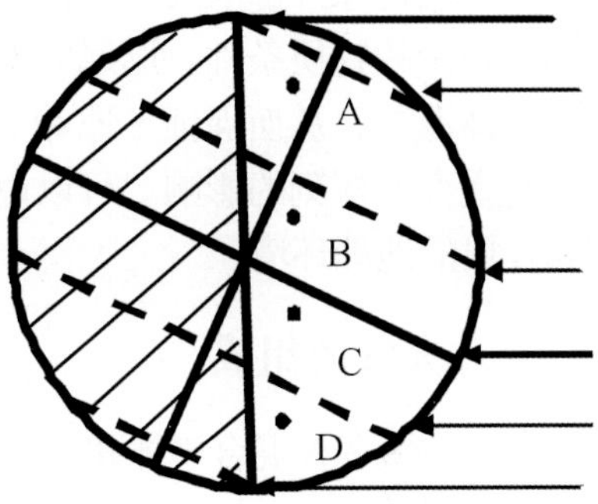

（1）这一天是__________日前后，判断理由是__________。

（2）A、B、C、D四点中，白昼最长的是__________；进入当地每年白昼最长的是__________。

（3）A、B、C、D四点中，正午太阳高度最大的是_________；进入当地每年正午太阳高度最大值的是__________。

2. 读右图，完成（1）~（2）题。某学校操场上，O处有一垂直地面的旗杆。OP 表示正午时旗杆在地面上的影子，其长度随季节发生变化，6月22日为零。M处有一棵树，OM垂直于OP 。

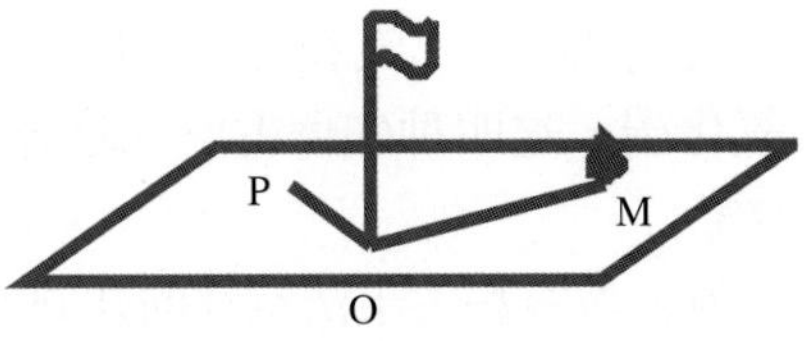

（1）______月______日OP最长，3个月后，该地的昼夜长短情况______________。

（2）M处的树位于旗杆的_________方向，其精确的纬度是______________。

第三章　自然地理环境的重要组成部分——大气

第一节　大气概述

围绕在地球外部的大气层构成了人类赖以生存的大气环境。大气是地球上的生物及人类维持生命活动所不可缺少的物质条件。厚厚的大气，好像是地球的外衣，阻挡了来自宇宙及太阳的有害辐射，保护着地球的“体温”，从而保证了地球上生命的存在。大气还是自然界最活跃的组成要素，对地球表面的自然环境具有重大而深刻的影响。可以说，如果地球上没有了大气，就没有生物界，也就没有了人类及其赖以生存和发展的地理环境。

一、大气的组成

大气是由多种混合气体和悬浮其中的水分及杂质组成。

1. 干洁空气

大气中除去水汽和各种杂质以外的所有混合气体统称干洁空气。干洁空气的主要成分是氮、氧、氩和二氧化碳。这四种气体占空气总容积的99.98%，而氖、氦、氪、氢、氙、臭氧等稀有气体的总含量不足0.02%。

氮：按容积占干洁空气的78.09%，是大气中成分最多的气体，由于其化学性质不活泼，在自然条件下很少同其他成分进行化合作用而呈氮化合物状态存在，只有在豆科植物根瘤菌的作用下才能改变为能被植物体吸收的化合物。氮是地球上生命体的重要成分，是工业、农业化肥的原料。

氧：占空气总容积的20.95%，是大气中的次多成分。它的化学性质活泼，大多数以氧化物形式存在于自然界中。氧是一切生物体进行生命过程所必需的成分。

二氧化碳：在大气中含量甚少。它是通过海洋和陆地中有机物的生命活动、土壤中有机体的腐化、分解以及化石燃料的燃烧而进入大气的。它是植物进行光合作用的原料。近年来，由于工业蓬勃发展，化石燃料燃烧量迅速增长，森林覆盖面积减少，二氧化碳在大气中的含量有增加趋势。

臭氧：大气中含量很少，主要集中在15～35千米间的气层中，尤以20～30千米处浓度最大，称臭氧层。大气中臭氧主要是由于大气中的氧分子在太阳紫外线辐射下发生光解作用，光解的氧原子又同其他氧分子发生化合作用而形成的。臭氧层能大量吸收太阳辐射中的紫外线波段，这不仅增加了高层大气热能，同时也保护了地面的生命免受紫外线辐射伤害，得以繁衍生息。

2. 水汽

水汽是低层大气中的重要成分，含量不多，占大气总容积的0~4%，是大气中含量变化最大的气体。大气中水汽主要来自地表海洋和江河湖等水体表面蒸发和植物体的蒸腾，并通过大气垂直运动输送到大气高层。因而大气中水汽含量自地面向高空逐渐减少。大气中水汽含量在水平方向上也有差异，一般而言，海洋上空多于陆地，低纬多于高纬，湿润、植物茂密的地表多于干旱、植物稀疏的地表。

3. 杂质

杂质是悬浮在大气中的固态、液态的微粒，主要来源于有机物燃烧的烟粒、风吹扬起的尘土、火山灰尘、宇宙尘埃、海水浪花飞溅起的盐粒、植物花粉、细菌微生物以及工业排放物等。大气杂质对太阳辐射和地面辐射具有一定吸收和散射作用，影响着大气温度变化。杂质大部分是吸湿性的，往往成为水汽凝结核。

二、大气的垂直结构

大气层位于地球的最外层，介于地表和外层空间之间，它受太阳作用和地表过程影响，形成了特有的垂直结构和特性。根据大气层垂直方向上温度和垂直运动的特征，一般把大气层划分为对流层、平流层、中间层、热层和散逸层五个层次（图3.1）。

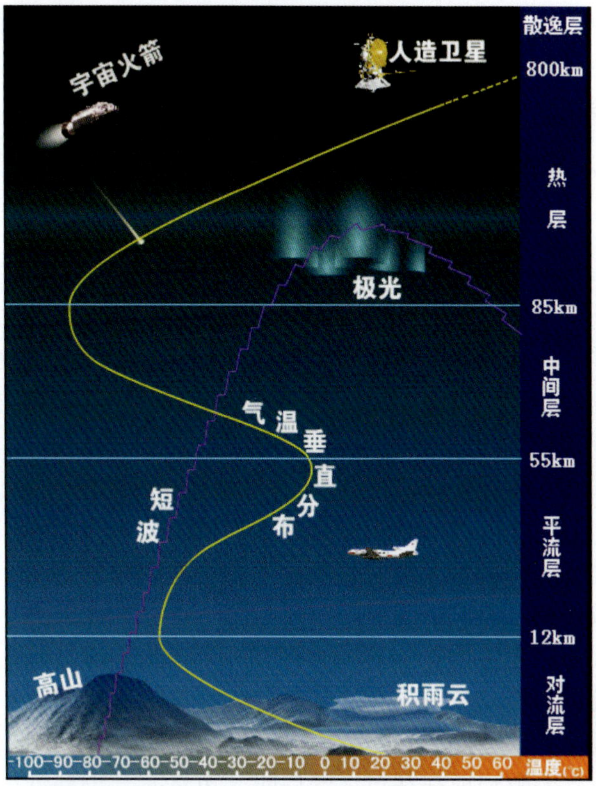

图3.1 大气垂直分层

1. 对流层

对流层是深厚大气的最低层，厚度只有十几千米，是各层中最薄的一层。但是，它集中了大气质量的3/4和几乎整个大气中的水汽和杂质。同时，对流层受地表种种过程影响，其物理特性和水平结构的变化都比其他层次复杂。

对流层的温度随高度升高而递减。平均每上升100米气温下降0.65℃，这称为气温直减率。气温随高度递减主要是因为对流层大气的热能来源除直接吸收一小部分太阳辐射外，绝大部分来自地面。因而越近地表就越近热源，大气获得的热量就多，气温就越高；相反，越远离地表，气温就越低。自然界中高空云滴多为冰晶组成，而低空云滴多为液态水滴。这种现象就是气温随高度递减的生动例证。

对流层大气有强烈的对流运动，对流层由此得名。造成这层大气对流的原因，有地表（主要海、陆）受热不均引起的热力对流、地表起伏不平引起的动力湍流以及冷暖空气交汇引起的强迫升降等。这些对流运动在大气温度垂直递减的形势下得到加强和发展。

对流层中云、雨、雷、电等天气现象非常活跃。一方面是由于空气的对流运动把地表的水汽、杂质能经常向高空输送；另一方面是高空的低温利于水汽的凝结和云滴成长为雨滴。

2. 平流层

平流层是自对流层顶到55千米高度间的气层。气温的垂直分布除下层随高度变化不大外，自25千米向上明显递增，到平流层顶达到–3℃左右。温度递增的主要原因是平流层的热能主要来源于对太阳辐射的吸收，特别是臭氧的吸收。

平流层大气由于温度垂直分布是递增的，不利于气流的对流运动发展，因而气流运动以平流为主。平流层中水汽、杂质极少，出现在对流层中的云、雨现象，在这里近于绝迹。平流层没有强烈对流运动，气流平稳、能见度好，是良好的飞行层次。

3. 中间层

自平流层顶到85千米高度间气层称中间层。这一层已经没有臭氧，吸收的辐射能明显减小，并随高度递减，因而这层的气温随高度升高迅速下降，到顶部降到–83℃以下，几乎成为整个大气层中的最低温。这种温度垂直分布有利于垂直运动发展，因而垂直运动明显，又称“上对流层”或“高空对流层”。

4. 热层

中间层顶到800千米高度间气层称为热层。这是一个比较深厚的层次，但是空气密度甚小，其质量只占整个大气层质量的0.5%。热层气温随高度迅速升高。热层高温的形成和维持主要是吸收了太阳外层（色球和日冕层）辐射的结果。热层中的气体成分在强烈太阳紫外线辐射和宇宙射线作用下，处于高度电离状态，因而又称电离层。电离层的结构和强度随太阳活动的变化有强烈的脉动。电离层具有吸收和反射无线电波的能力，能使无线电波在地面和电离层间经过多次反射，传播到远方。

5. 散逸层

散逸层是指800千米高度以上的大气层。这一层的气温随高度增高而升高。高温使这层上部的大气质点运动加快，而地球引力却大大减少，因而大气质点中某些高速运动分子不断脱离地球引力场而进入星际空间。这一层也可称为大气层向星际空间的过渡层。散逸层的上界也就是大气层的上界。据现代卫星探测资料分析，大气上界为2000～3000千米。

练一练

问答题

1. 地球大气在垂直方向上分为哪几层？各层的气温变化有何特点？
2. 与人类关系最密切的是哪一层？为什么？飞机飞行在哪一层？为什么？
3. 对流层具有的特点对我们人类的生存有何益处？
4. 为什么雨、雪、雾等自然现象都发生在对流层？

三、大气的受热过程

地球上的能量主要来自太阳辐射。太阳辐射是指太阳源源不断地以电磁波的形式向宇宙空间放射能量。太阳辐射由多种能量组成（图3.2）。大气中发生的一切现象和过程，都与太阳能及其转化有密切关系。但是，低层大气中最主要的直接能量来源，并不是太阳，而是地面。

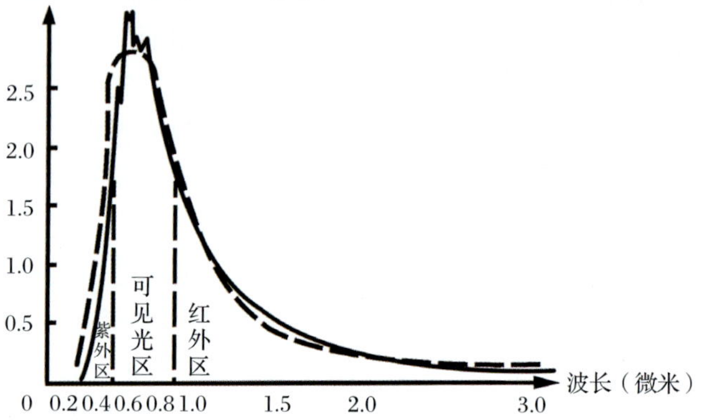

图3.2 太阳辐射光谱

太阳辐射在穿过大气层时，虽然有一小部分能量被吸收，如平流层中的臭氧能吸收太阳辐射中波长较短的紫外线，对流层中的水汽和二氧化碳能吸收太阳辐射中波长较长的红外线，但是对于太阳辐射中的能量最集中可见光却吸收很少。大部分太阳光能够透过大气层到达地面。因此，大气直接吸收的太阳能量很少。到达地面的太阳辐射，大部分被地面吸收，使地面温度增高，同时地面有大量热量向外辐射。

由于地面温度比太阳低很多，因此地面辐射的波长比太阳辐射长得多，其能量主要集中在红外线的部位。相对于太阳辐射来说，人们把地面辐射叫做长波辐射。对流层大气中的水汽和二氧化碳，对地面长波辐射的吸收能力很强。据观测，地面辐射的75%～95%都被近地面大气吸收，使大气增温。近地面大气层增温后，又以辐射、对流等方式，把热量传给高一层大气。所以，地面是低层大气主要的、直接的热源。大气在增温的同时，也向外放出红外线长波辐射。大气辐射除一小部分向上射向宇宙空间外，大部分向下射向地面，其方向与地面辐射正好相反，这就在一定程度上补偿了地面辐射损失的热量，对地面起到保温作用，称大气逆辐射。

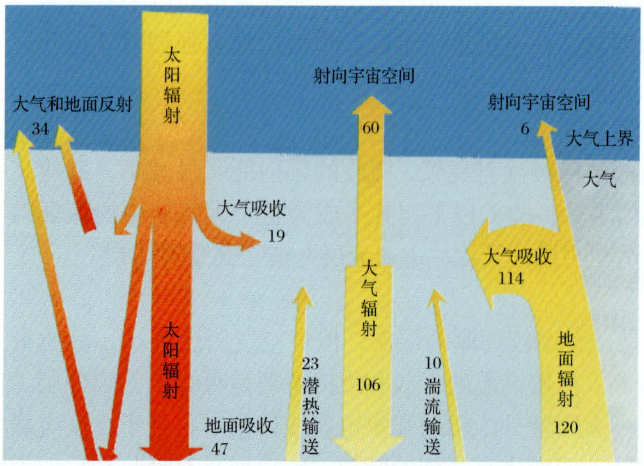

图3.3 大气的受热过程及大气对地面的保温作用

从上面的叙述可以看出，地球大气具有保温作用。大气对太阳短波辐射几乎是透明的，大部分太阳辐射能够透过大气到达地面；而大气对地面长波辐射却好像是一层隔热层，地面辐射放出的热量大部分被截流下来。人们把大气的这种作用，称为大气的保温效应（图3.3）。

练一练

一、选择题

1. 晴朗的天空呈现蔚蓝色，是由于太阳光穿过大气层时（　）

A. 直接到达地面的蓝光比重大　　B. 空气分子使蓝光发生散射作用

C. 高层大气分子大量吸收蓝色光　　D. 到达地面的蓝色光又完全被反射到高空

2. 在以下有关到达地球的太阳辐射叙述中，正确的是（　）

A. 太阳高度角越大，太阳辐射穿过大气层厚度也越大

B. 大气密度越大，大气对太阳辐射的削弱作用也越大

C. 大气透明度越大，太阳辐射越弱

D. 太阳高度角越小，太阳辐射被大气削弱得越少

3. 大气的保温效应是因为（　）

A. 大气对太阳辐射的选择性吸收作用　　B. 地面的反射作用

C. 大气对太阳辐射的散射作用　　D. 大气的逆辐射作用

4. 一般说来，阴天比晴天的日较差小，原因是（　）

A. 阴天云量多，大气对流旺盛，把大部分热量传给大气

B. 阴天云量多，大气的保温作用强

C. 阴天大气水汽含量多，水汽强烈吸收地面辐射

D. 阴天云量多，白天削弱了到达地面的太阳辐射，夜间增强了大气逆辐射

二、问答题

1. 为什么白天多云，气温比晴天低？

2. 在炎热的夏季，白天多云和夜晚多云人的感觉有什么不同？分析原因。

3. 用熏烟的方法为什么能解除霜冻？

第二节　风的形成、气压带和风带

一、热力环流

大气时刻不停地运动着。大气中热量和水汽的输送，以及一切天气变化，都是通过大气运动实现的。地球表面辐射能分布不均，使得近地面大气受热不均，这是引起大气运动的根本原因（图3.4）。假设A地受热多，近地面大气膨胀上升，使高空空气积聚，密度较大，形成高气压。B、C两地受热少，空气冷却收缩下沉，高空空气密度减小，形成低气压。于是，高空的空气便从气压高的A地向气压低的B、C两地扩散。在近地面，A地空气上升后，空气密度减小，形成低气压；B、C两地因有下沉气流，空气密度增大，形成高气压。这样，近地面的大气又从B、C两地流向A地，补充A地上升的空气，这种由于地面冷热不均所引起的大气环流，称为热力环流。它是大气运动最简单、最基本的一种形式。

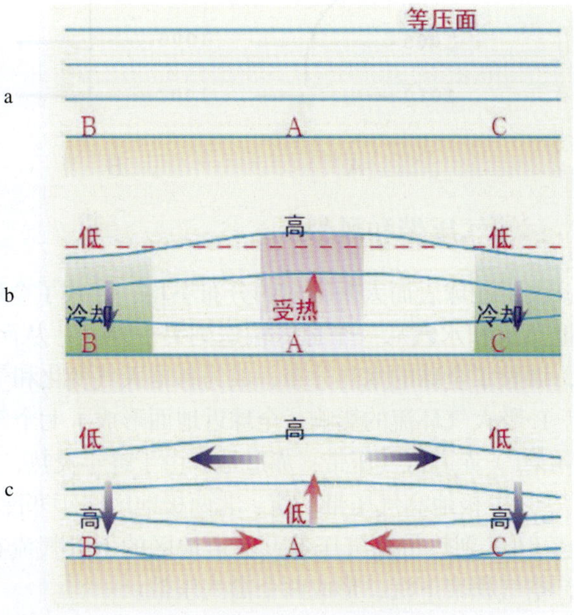

图3.4　冷热不均引起的热力环流

二、大气的水平运动——风

由于地面受热不均，对于同一水平面上的大气来说，有的地方气压高，有的地方气压低。只要水平面上存在气压差异，就产生了促使大气由气压高的地方流向气压低的地方的力，叫做水平气压梯度力（图3.5）。在这个力的作用下，大气由高气压区向低气压区做水平运动，就形成了风。

如果没有其他外力的影响，在水平气压梯度力的作用下，风的方向总是垂直于等压线，由高压指向低压。但是，风一旦形成，立刻就会受到地转偏向力的作用，使风向偏离原来的方向，在北半球向右偏，在南半球向左偏（图3.6）。在实际大气中，特别是近地面的大气运动还受到摩擦力的作用（图3.7）。

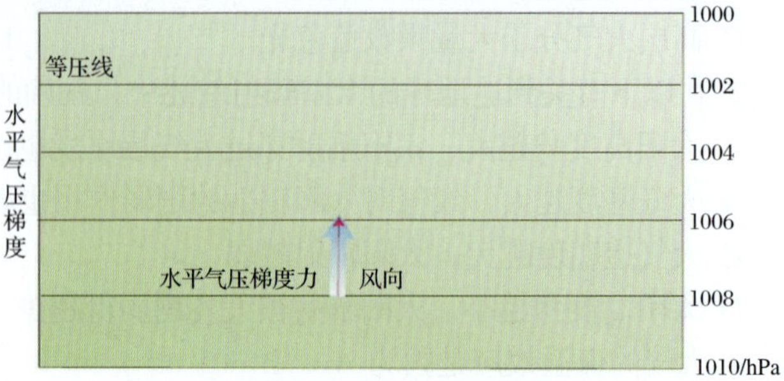

图3.5 水平气压梯度力与风向

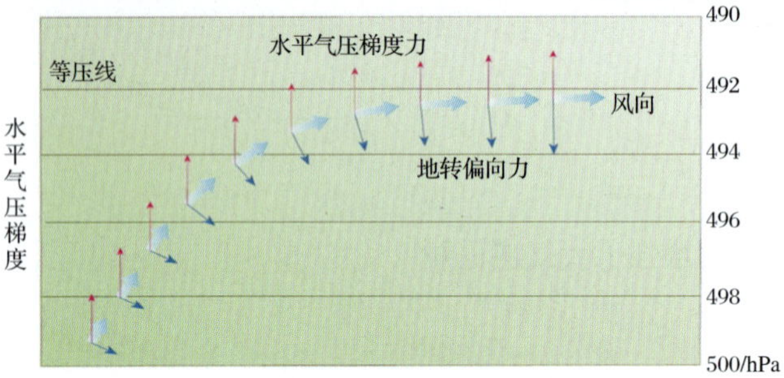

图3.6 北半球地转偏向力与风的偏向

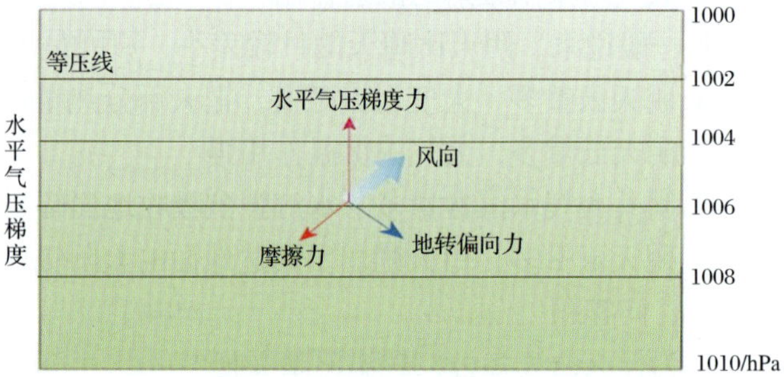

图3.7 近地面的实际风向

练一练

选择题

下列四幅图能正确反映北半球近地面风向的是（ ）

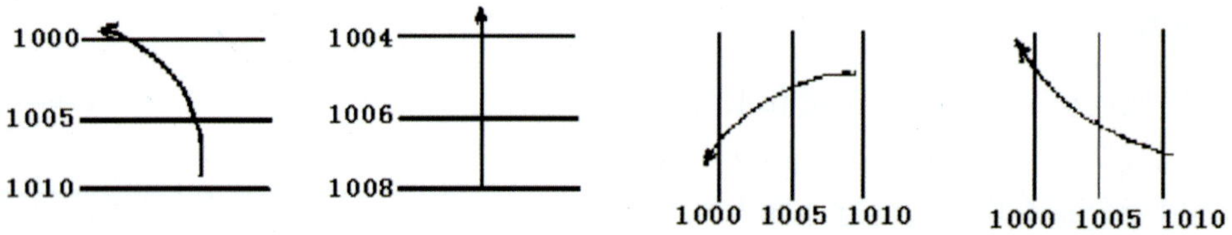

A B C D

三、气压带和风带

由于地球表面太阳辐射的分布不均，导致了全球性的有规律的大气运动，通常称为大气环流。大气环流把热量和水汽从一个地区输送到另一地区，从而使高、低纬度之间，海、陆之间的热量和水汽得到交换，调整了全球的水热分布，成为各地天气变化和气候形成的重要因素。

1. 受大气环流的影响，全球近地面形成了七个气压带（图3.8）。

（1）赤道低气压带：赤道地区由于终年炎热，大气受热膨胀，气流上升，形成低气压带。

（2）极地高气压带：南、北两极地区终年寒冷，大气冷却收缩，气流下沉，形成两个高气压带。

（3）副热带高气压带：赤道地区的上升气流在高空向南、北分流，在南、北纬30°附近的副热带高空，空气积聚下沉，形成两个高气压带。

（4）副极地低气压带：极地高气压带流向低纬的气流，在南、北纬60°附近的副极地地带，与副热带高气压带流向高纬的气流相遇，空气上升，形成两个低气压带。

2. 在气压带的控制下，全球近地面的大气运动，大致有规律地形成六个风带。

（1）信风带：在南北地球的低纬度地带，盛行由热带高气压带吹向赤道低气压带的信风。受地转偏向力影响，在北半球为东北信风，在南北半球为东南信风。

（2）西风带：在南北半球中纬度地带，盛行风由副热带高气压带吹向副极地低气压带。在地转偏向力作用下，风向偏转为西风。在北半球形成西南风，在南半球形成西北风。

（3）东风带：在高纬度地带，从极地高气压带吹向副极地低气压带的风，受地转偏向力的影响，偏转为东风。在北半球形成东北风，在南半球形成东南风。

3. 气压带和风带的移动

由于太阳直射点随季节变化而移动，地球上气压带和风带的位置也随季节变化而南北移动。就北半球而言，夏季气压带和风带位置偏北，冬季则位置偏南。

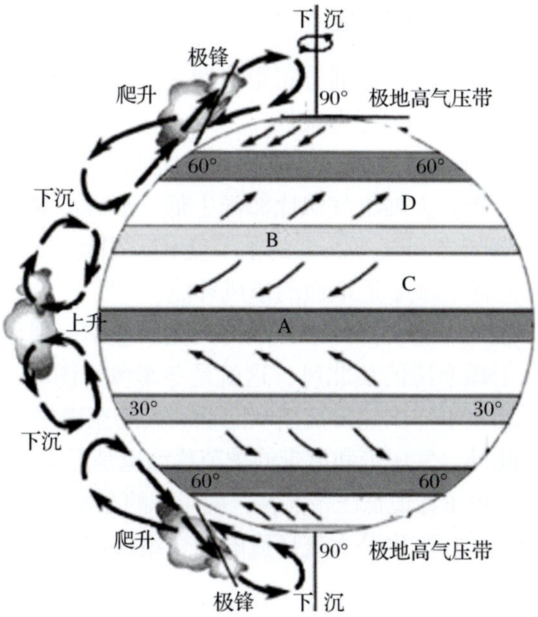

图3.8　地球上的气压带和风带

4. 海陆分布对大气环流的影响

上述气压带和风带的分布，是地球表面大气环流的理想模式。由于海陆分布、地形起伏等因素的影响，大气环流的实际状况要复杂得多。

海陆的热力差异，影响到海陆的气压分布。夏季，大陆增温比海洋快，大陆上形成热低压；冬季，大陆降温比海洋快，大陆上形成冷高压。北半球的陆地面积比南半球的陆地面积大，而且海、陆相间分布，使纬向的气压带被分裂为一个个的高、低压中心。在1月份海平面及地面等压线分布图（图3.9）上，北半球的副极地低气压带被大陆上的冷高压所切断，尤以亚洲高压（又称蒙古、西伯利亚高压）最为强烈，控制范围最广。这就使副极地低气压带仅保留在海洋上。从7月份海平面及地面等压线分布图（图3.10）上可以看出，北半球的副热带高气压带被大陆上的热低压所切断，亚洲低压（又称印度低压）最为突出，从而使副热带高气压带仅保留在海洋上。

南半球的海洋面积占绝对优势，纬向的气压带比北半球明显，特别是南纬30°以南的地区，气压带基本上呈带状分布。

冬、夏季海陆上的这些高、低压中心，势力强，范围广，称为大气活动中心。它们随季节而南北移动，对世界各地的天气和气候有着重大影响。这些大气活动中心位置和强度一旦异常，就会造成世界各地天气、气候的异常。

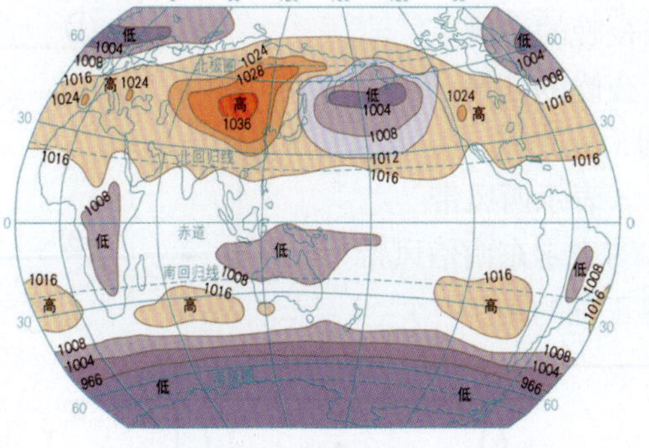
图3.9　1月份海平面及地面等压线分布（单位：百帕）

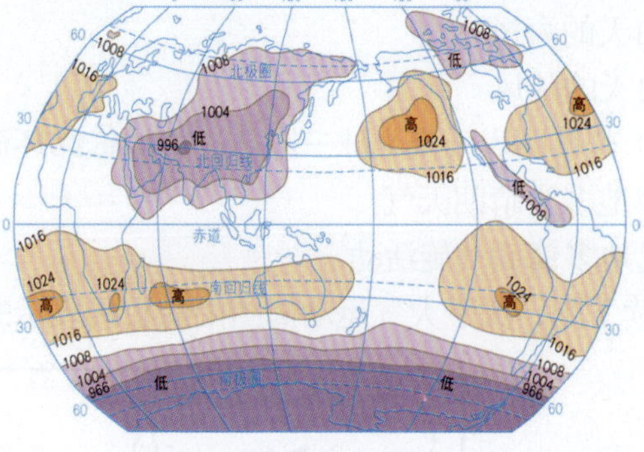
图3.10　7月份海平面及地面等压线分布（单位：百帕）

练一练

绘制全球气压带、风带示意图。

四、季风环流

地球表面的海陆分布影响到全球气压带和风带的分布规律，尤其是在北半球，因陆地面积比南半球大的缘故，其影响更为显著。

我们知道，由于海陆间热力性质的差异，在同样的太阳辐射条件下，陆地的温度变化要比海洋快得多。冬季，大陆上气温比海洋上低，形成冷高压；夏季，大陆增温比海洋迅速，形成热低压。这样，冬、夏季海陆之间气压高低的季节变化，引起了一年中盛行风向随季节有规律地向相反或接近相反的方向变换，从而形成了近地面的季风环流。

季风环流以亚洲东部最为典型。冬季，强大的亚洲高压与赤道低压，太平洋低压之间，形成了势力强大、干燥寒冷的偏北风，这就是冬季风（图3.11）。夏季，亚洲大陆形成印度低压，吸引海洋上的暖湿气流从北太平洋副热带高压吹向亚洲大陆东南岸，这就是东亚的东南季风（图3.12）。

此外，气压带和风带的季节移动也是形成季风的重要原因。例如，夏季影响我国南部地区的西南季风，主要是由于赤道低压带北移，南半球的东南信风向北越过赤道，在地转偏向力作用下向右偏转而成的。

季风环流也是大气环流的一个组成部分。在我国东部地区，季风环流是天气变化和气候形成的一个重要因素。

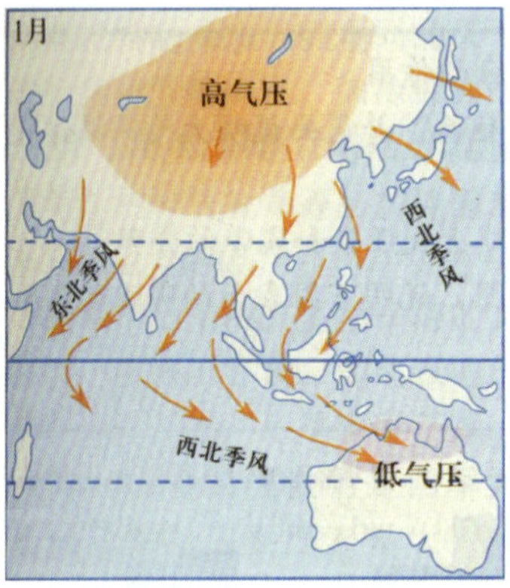

图3.11 亚洲1月份的季风

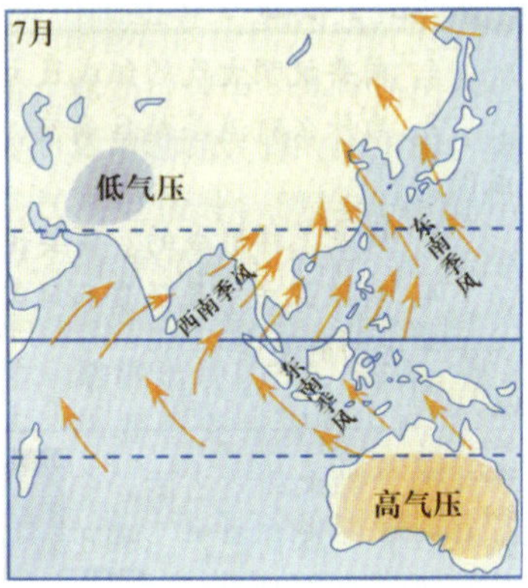

图3.12 亚洲7月份的季风

练一练

一、选择题

1. 读右图，完成（1）~（2）题。

（1）若该图为“海滨地区海陆风模式示意图”，且甲表示海洋，乙表示陆地，则此图所示情形为（ ）

A. 白天的海风　　B. 夜晚的海风

C. 白天的陆风　　D. 夜晚的陆风

（2）若该图表示南半球三圈环流中的低纬环流，则（ ）

A. 甲地多为晴朗天气　　B. ③表示西风带

C. 乙地多锋面气旋活动　　D. ③表示东南信风带

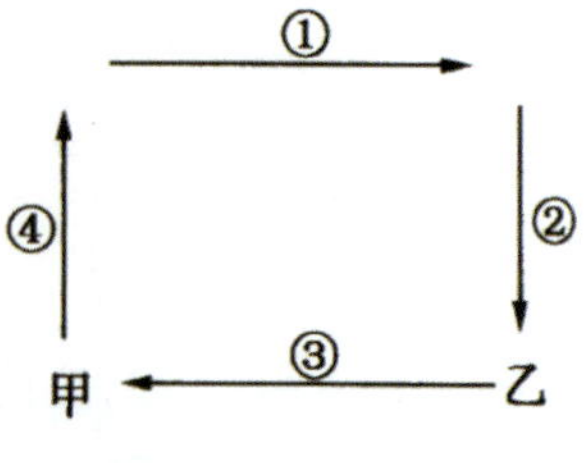

2. 读下图，关于大气运动简图中的数码表示的内容正确的是（ ）

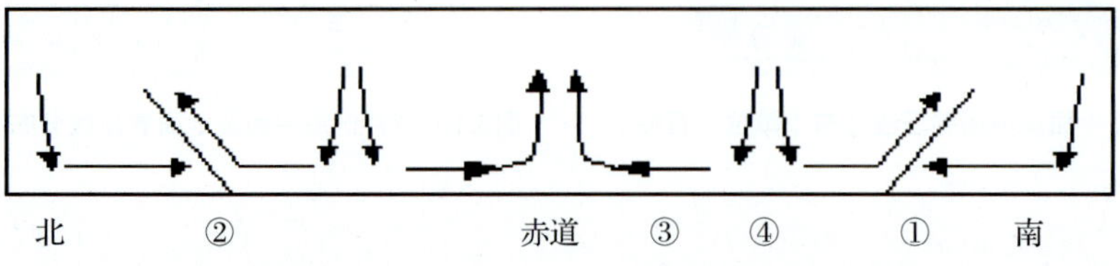

A. ①极地高气压带　　B. ②副极地低气压带　　C. ③东北信风带　　D. ④多雨带

二、问答题

季风是怎样形成的？季风对我国天气有哪些影响？

第三节　气候概述

一、气候

我们都知道，自己的家乡与其他地区一年中的冷热变化和降水状况存在很大差异性，有些地区四季分明，有些地区却是四季如春，为什么会产生这些现象呢？这就是我们要讨论的气候特征。

所谓气候是指一个地区多年的大气平均状况或统计状态。组成气候的要素主要有两部分，即气温和降水，不同地区气候差异主要体现在气温与降水组合上的差异。

如果讲北京的气候，就同天气的说法不一样了。北京的气候是：春季温暖多风，夏季炎热多雨，秋季凉爽晴朗，冬季寒冷有雪。由此可知，气候是一个地方多年的天气平均状况，一般变化不大。

二、影响气候的因素和世界气候类型

1. 影响气候的因素

我们已经知道，世界各地的气温和降水的变化差异很大。不同地区的水热情况不一样，各地的气候也就很不相同。世界上有的地方终年炎热，四季常绿；有的地方长冬无夏，终年寒冷；有的地方干旱少雨，沙漠广布；有的地方冬季寒冷，降水稀少，夏季炎热，雨水集中。造成气候地区差异的原因，是因为影响各地气候的因素不同。

影响气候的因素，主要有纬度位置，海陆分布，地形，气压带和风带，洋流等。

（1）纬度因素：不同纬度地带，接受太阳热量的多少不同，因此热量的分布不均。一般是低纬度气温高，高纬度气温低。降水受纬度因素的影响，赤道地区降水多，两极地区降水少。

（2）海陆因素：由于陆地与海洋的物理性质不一样，陆地吸热快，放热也快；海洋相反。因此同纬度地带，夏季陆地气温高，海洋气温低；冬季相反。近海而且能受到海洋湿润气流影响的地方，降水就多；远离海洋的内陆，降水就少。近海而受不到海风吹拂的地区，降水也少。

（3）地形因素：由于气温随海拔升高而降低，同纬度地带，山上的气温都比山下低。降水受地形的影响也很显著。迎风山坡，暖湿气流被迫抬升时，气温降低，空气饱和容易形成云降雨。背风山坡则降雨较少。

（4）气压带和风带：地球上共形成了南北对称分布的七个气压带和六个风带。地面受不同的气压带和风带控制，气候也就不同。例如，受赤道低气压带控制的地区，盛行上升气流，形成高温多雨的赤道雨林气候；终年受副热带高气压带控制的地区，盛行下沉气流，形成干燥炎热的热带沙漠气候；而地中海沿岸地区，夏季受副热带高气压控制，炎热干燥，冬季则受西风带影响，温和多雨。

（5）洋流因素：一般在寒流经过的沿岸地区，气温较低，降水较少；在暖流经过的沿岸地区，特别是经常有风从暖流上空吹向陆地的地区，气温较高，降水就多。

2. 世界主要气候类型及分布

根据各地气温和降水的状况及气候特征，可以将世界气候划分为若干种类型（图3.13、图3.14）。

（1）热带雨林气候：主要分布在赤道附近地区，如南美洲亚马孙河流域，非洲刚果盆地，亚洲马来群岛等。这里全年高温多雨，植物终年茂盛，许多地区分布着茂盛的热带雨林，所以称热带雨林气候。

（2）热带草原气候：主要分布在非洲和南美洲赤道雨林气候的南、北两侧。这里终年高温，一年中有明显的干季和雨季，地面分布着大片的热带草原。

（3）热带季风气候：以亚洲南部印度半岛和东南部的中南半岛最为显著。这种气候终年高温，一年之中也可分为旱、雨两季，风向随季而变化。旱季，风从陆地吹向海洋，干旱少雨；雨季，风从海洋吹向陆地，降水集中。

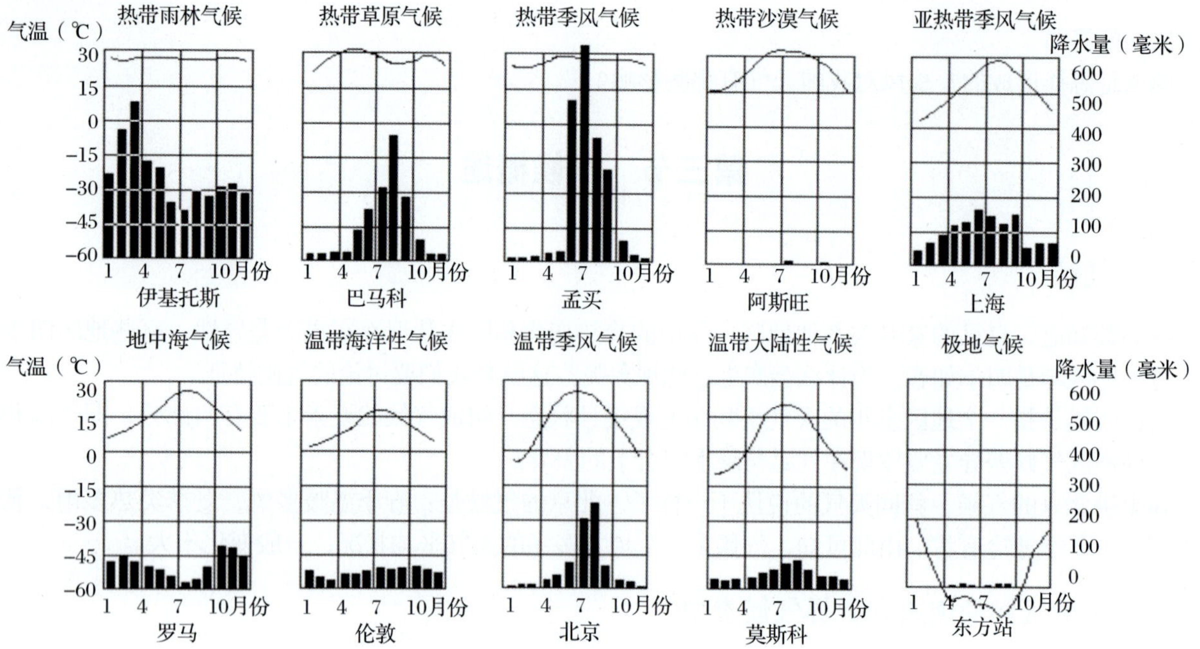

图3.13 部分气候类型降水柱状图和气温曲线

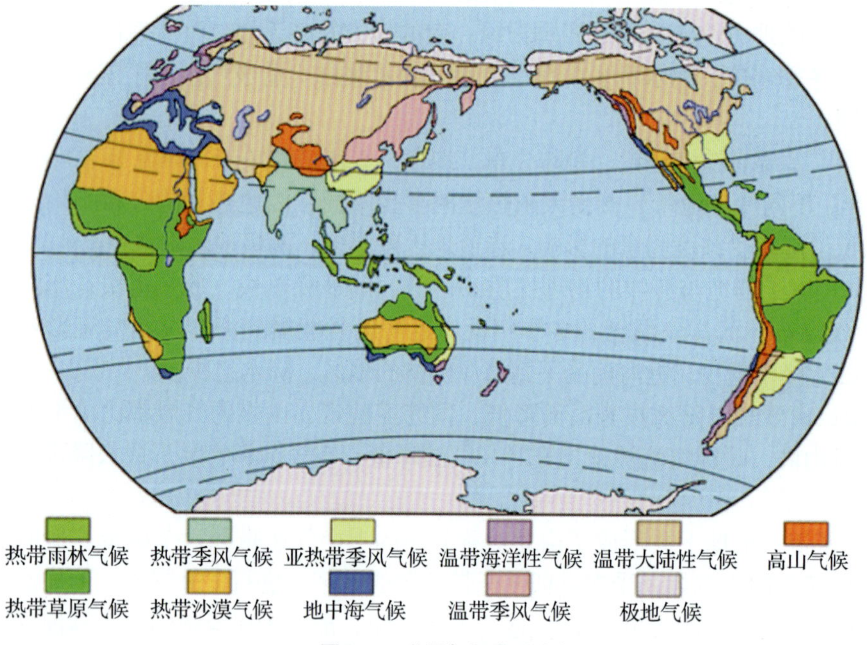

图3.14 世界气候类型分布

（4）热带沙漠气候：主要分布在南北回归线附近的大陆西岸和内陆地区，如亚洲西部，非洲北部和澳大利亚中部等地。这种气候降水稀少，终年炎热干燥，地面有大片的沙漠。

（5）温带和亚热带季风气候：分布在亚洲的东部地区。一年之中四季分明，冬季和夏季的风向有显著变化。夏季盛行来自海洋的偏南风，高温多雨；冬季盛行来自内陆的偏北风，寒冷干燥。大致以1月份平均气温0 ℃等温线为界，此线以北为温带季风气候，以南为亚热带季风气候。

（6）地中海气候：主要位于大陆西岸的中低纬度地区，以地中海沿岸分布最广，故称地中海气候。这种气候的特点是夏季炎热干燥，冬季温和多雨。

（7）温带大陆性气候：主要分布在中纬度内陆地区，如亚欧大陆和北美大陆内部。气候冬冷夏热，气温变化大；降水较少，集中夏季。根据降水量的多少，温带大陆性气候又可分为温带草原气候和温带沙漠气候。

（8）温带海洋性气候：位于中纬度地区大陆西岸，以欧洲分布最广。终年受来自海洋的暖湿气流影响，温和多雨，气温和降水的年变化比较小。

（9）亚寒带针叶林气候：分布在北极圈附近中高纬地区，亚欧大陆和北美大陆的北部，属于温带和寒带的过渡地带。这里冬季严寒，夏季温和，分布着大片针叶林。

（10）极地气候：寒带地区包括冰原气候和苔原气候两种类型，合称为极地气候。冰原气候分布在南极大陆和北冰洋的一些岛屿上，终年严寒，地面覆盖着很厚的冰雪；苔原气候分布在亚欧大陆和北美大陆的北部边缘地带，这里长冬无夏，地面生长着苔藓、地衣等植物。

（11）高山气候：主要分布在高山高原地区，如喜马拉雅山脉和青藏高原。由于海拔高，终年低温。

练一练

问答题

1. 影响气候有哪些因素？
2. 对比分析地中海气候与亚热带季风气候的差异（从位置、特点、成因几方面分析）。
3. 在世界气候类型图上，找出世界主要气候类型。
4. 为什么温带海洋性气候在欧洲分布最典型、最广泛？

三、我国气候特征

我国地域辽阔，西北位于世界最大的大陆——欧亚大陆的腹地，东南濒临世界上最大的水面——太平洋，西南为世界上最高的高原——青藏高原。这样极其复杂的地理条件，使我国的气候具有强烈的季风性、大陆性和类型多样性的特征。与世界同纬度的其他国家相比，我国气候的这种特征是很独特的。

1. 季风型气候显著

我国处于欧亚大陆的东南部，面对广阔的海洋，海陆之间的巨大热力差异使我国季风气候特点更为明显。主要表现为冬夏盛行风向有显著的变化，随季风的进退，降水也有明显的季节性变化。

冬季，我国大陆主要为极地大陆气团或变性极地大陆气团所控制，在80～90°E高空多为高压脊，而沿海高空常为一大槽，脊前、槽后的冷空气不断南下，加强了地面的冷高压（蒙古高压），温暖的海洋上多为低气压所控制，使得我国冬季对流层低层盛行西北、北和东北风。极地大陆冷高压及其伴随的极锋或次冷锋是冬季我国天气的主要控制系统，气候特征是降水少和低温、干燥。尤其是寒潮或强冷空气天气过程，持续时间长，影响范围广，伴随的大风和降温对工农业生产危害较大。

夏季，我国大陆大部分地区为热带、副热带海洋气团和热带大陆气团所控制，高空在东经70～80°E处为一低压槽，沿海为一浅脊，地面气压系统在欧亚大陆均为蒙古低压所盘踞，它与海洋上的高压相配合使得我国夏季对流层低层盛行西南、南和东南风。天气气候特征是高温、湿润和多雨。

2. 大陆性气候强烈

我国大陆性气候的特征主要表现在：气温的年、日变化大；冬季寒冷，南北温差悬殊；夏季炎热，全国气温普遍较高。最冷月多出现在1月份，最冷月平均气温远低于全世界同纬度的平均值。夏季，我国又是世界同纬度上，除沙漠干旱地区外最热的国家。最热月几乎都出现在7月份，由于我国气候的大陆性强，最热月平均气温的南北差异远比最冷月平均气温的南北差异小得多，全国气温年较差基本上随纬度升高而增加。

练一练

问答题

学校所在地属于什么气候类型？有什么特点？

第四节　影响天气变化的因素——天气系统

2001年1月1日《人民日报》刊登的“北京地区天气预报”：北京地区今天白天多云转晴，降水概率

20%，风向北风，风力三～四级转五～六级；夜间晴，降水概率0，风向北风，风力四～五级转二～三级，温度3～8℃（图3.15）。

从天气预报的内容中，可以知道：天气是一个地方短时间里阴晴、风雨、冷热等的大气状况，它是时刻在变化的。影响天气变化的因素主要有锋、气旋与反气旋，我们称之为天气系统。

图3.15 常用天气符号

想一想

1. 谁能说说，天气的变化与人类有什么密切的关系。

2. 下雨能给人类带来什么好处？下雨又能给人类带来什么害处或不便？下雨时，人们必须保护什么东西不被雨淋？

3. 下雪能给人带来什么好处？下雪能给人带来什么害处或不便？暴风雪来临前，牧民必须做什么？

4. 大风能给人类带来什么好处？大风又能给人类带来什么害处？

一、锋与天气

水平方向上温度、湿度等物理性质分布比较均一的大范围空气，叫气团。当冷、暖两个性质不同的气团在移动过程中相遇时，它们之间就会出现一个倾斜的交界面，叫做锋面。锋面与地面相交的线，叫做锋线。一般把锋面与锋线统称为锋。锋面自地面向高空冷气团一侧倾斜。

由于锋是冷暖气团交界的地区，锋面两侧空气的温度、湿度、气压都有明显的差别，所以锋面附近常有一系列的云、雨、大风、降水等天气现象。

在锋面移动过程中，根据冷暖气团所占的主次地位的不同，可以将锋分为冷锋、暖锋、准静止锋等。

1. 冷锋

冷锋是冷气团主动向暖气团方向移动的锋。当冷气团主动向暖气团移动时，较重的冷气团插入暖气团下面，使暖气团被迫抬升（图3.16）。暖气团在抬升过程中逐渐冷却，其中水汽容易凝结成云。如果暖空气中含有大量的水汽，那么可能会带来雨雪天气。

冷锋移动速度较快，常带来较强的风。冷锋过境后，冷气团替代了原来暖气团的位置。气压升高，气温和湿度骤降，天气转好。冷锋在我国一年四季都有，尤其冬半年更常见。

2. 暖锋

暖锋是暖气团主动向冷气团方向移动的锋。暖气团沿冷气团徐徐爬升（图3.17）。

暖锋通常伴随多云和降雨天气。因为暖锋移动速度比冷锋慢，所以可以形成连续性降水或雾。暖锋过境后，暖气团占据原来冷气团的位置，气温上升，气压下降，天气转晴。暖锋在我国东北地区和长江中下游地区活动较为频繁。

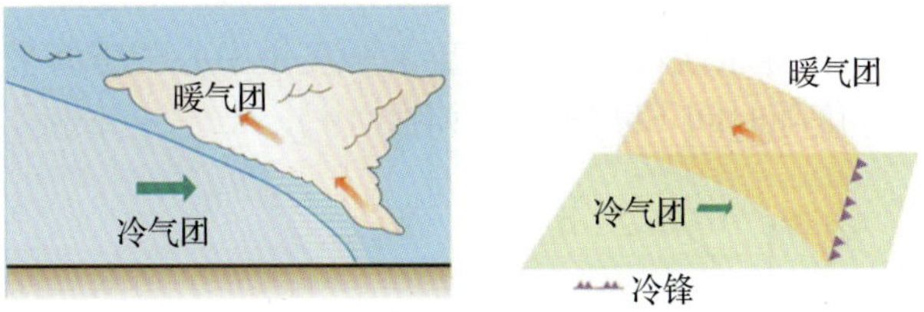

图3.16　冷锋

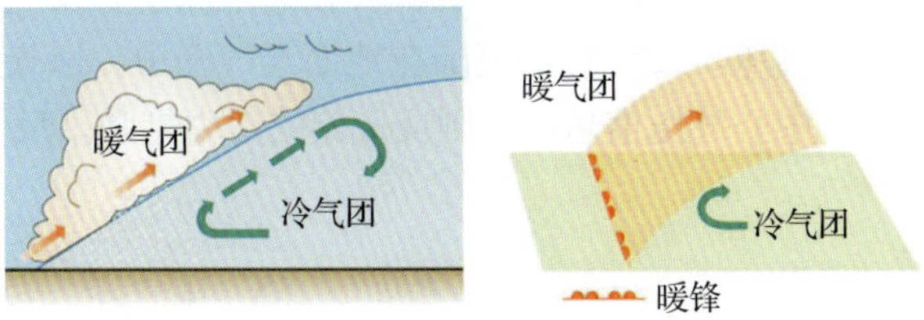

图3.17　暖锋

3. 准静止锋

准静止锋是冷暖气团势力相当，使锋面来回摆动的锋。我国长江中下游地区初夏有持续一个月左右的阴雨天气，俗称“梅雨”，它就是由准静止锋造成的。

我国的降水和一些灾害性天气大都与锋面有联系。影响我国天气的锋面主要是冷锋。我国北方夏季的暴雨多是冷锋形成的锋面雨。我国冬季爆发的寒潮，冬末春初的沙尘天气多是冷锋南下时形成的。

读一读

梅　雨

初夏江淮流域一带经常出现一段持续较长的阴沉多雨天气。此时，器物易霉，故亦称“霉雨”，简称“霉”；又值江南梅子黄熟之时，故亦称“梅雨”或“黄梅雨”。雨带停留时间称为“梅雨季节”，梅雨季节开始的一天称为“入梅”，结束的一天称为“出梅”。此外，由于这一时段的空气湿度很大，百物极易获潮霉烂，故人们给梅雨起了一个别名，叫做“霉雨”。

练一练

选择题

1. 关于锋面的叙述，正确的是（　）

A. 冷暖气团的交界面叫锋面　B. 锋面总是向暖气团一侧倾斜

C. 锋面两侧的温度、湿度、气压和风差别不大　D. 锋面过境时一定会出现雨雪、大风天气

2. 下列有关锋面的说法，错误的是（　）

A. 影响我国天气的锋面主要是暖锋　B. 我国北方夏季的暴雨多是由冷锋形成的

C. 我国冬季爆发的寒潮是冷锋南下形成的　D. 锋面两侧温度、湿度、气压、风等都有明显的差别

二、气旋、反气旋与天气

低压或气旋，高压或反气旋，分别是对同一天气系统的不同描述。低气压与高气压，是指气压分布状况而言的；气旋与反气旋，是指气流状况而言的（图3.18）。图中等压线闭合起来的地区，如果中心气压高于四周，就称为高气压；若中心气压低于四周，则称为低气压。从高气压延伸出来的狭长区域，叫高压脊，好比地形上的山脊，从低压延伸出来的狭长区域，叫低压槽，好比地形上的峡谷。

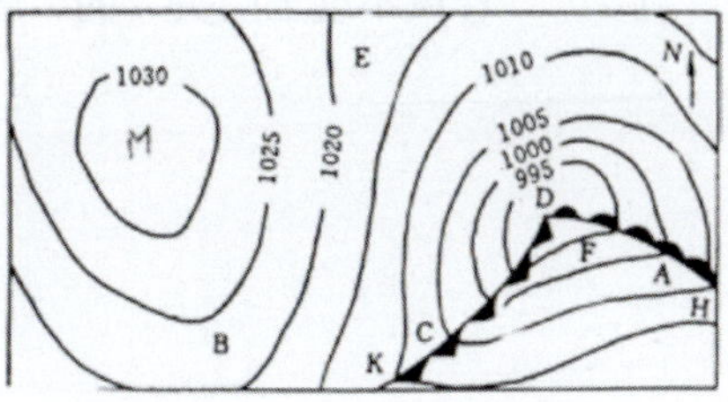

图3.18　高压脊、低压槽

1. 气旋

气旋是北（南）半球，大气中水平气流呈逆（顺）时针旋转的大型涡旋。在同高度上，气旋中心的气压比四周低，又称低压。气旋的垂直气流是上升的，多阴雨天气。夏秋季影响我国东南沿海地区的台风就是气旋的一种。气旋中，天气常发生剧烈的变化。

2. 反气旋

反气旋是占有三维空间的大尺度的空气涡旋。在北半球，反气旋区气流自中心向外做顺时针方向旋

转，南半球做逆时针方向旋转。在天气图中，反气旋是等压线呈闭合、气压值自中心向外递减的高压区，故又称高压。反气旋的范围在地面天气图中，以最外一条闭合等压线代表。反气旋的强度用中心气压值来表示。中心气压值越高，则反气旋的势力越强。反气旋的强度随时间不断地变化（图3.19）。

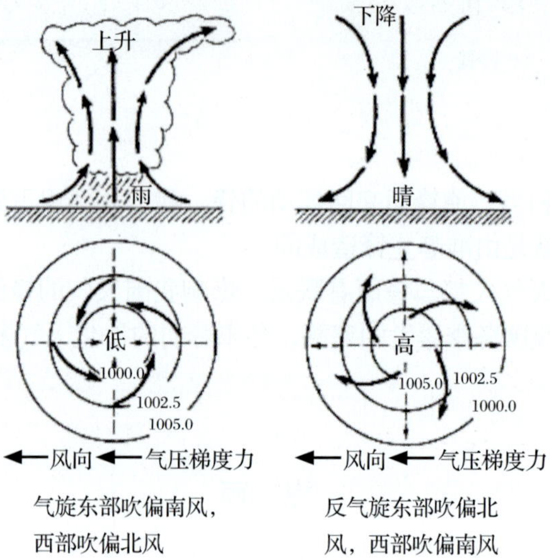

图3.19　北半球气旋与反气旋

3. 天气特征

台风是一种热带气旋；反气旋可产生冬季寒潮，夏季长江中下游地区的伏旱和北方“秋高气爽”等天气现象。

练一练

问答题

1. 气旋与反气旋为什么会带来不同的天气现象?

2. 查阅资料回答下列问题：我国还有什么准静止锋，影响哪些地区，产生怎样的天气现象?

3. 阅读下列词语、诗句，完成问题。

忽如一夜春风来，千树万树梨花开。

羌笛何须怨杨柳，春风不度玉门关。

（1）千树万树的“梨花”指的是什么花?

（2）“春风不度玉门关”的“春风”指的是什么风，它为何不能度玉门关?

第四章　自然环境的重要组成部分——水体和陆地

第一节　大洲和大洋

一、世界海陆分布

在我们居住的地球上，有大陆和海洋。根据科学家计算，地球的表面积为5.1亿平方千米，海洋占据了其中的70.8%，陆地面积仅为地球表面积的29.2%。也就是说，地球的表面大致上七分是海洋，三分是陆地。所以，宇航员从太空中看到的地球，是一个蓝色的“水球”，而我们人类居住的广袤大陆实际上不过是点缀在一片汪洋中的几个“岛屿”而已。有人建议将地球改为“水球”不是没有道理。

通过世界海陆分布图（图4.1）可以看出海洋和陆地面积随纬度大致分布的情况。除北纬45°～70°以及南纬70°的南极地区，陆地面积大于海洋面积之外，其余大多数纬度上的海洋面积都大于陆地面积，而在南纬56°～65°，几乎没有陆地，完全被海水所环绕。这种随纬度分布的不均性，正是地球上海、陆分布的一个特点。而另一个特点就是海、陆分布的对称性。例如，南极是陆，北极是海；北半球中高纬度地区是大陆集中的地方，而南半球的高纬度区却是三大洋连成一片。地球上海洋和陆地分布的这些特点，对于海水的运动有很大影响。

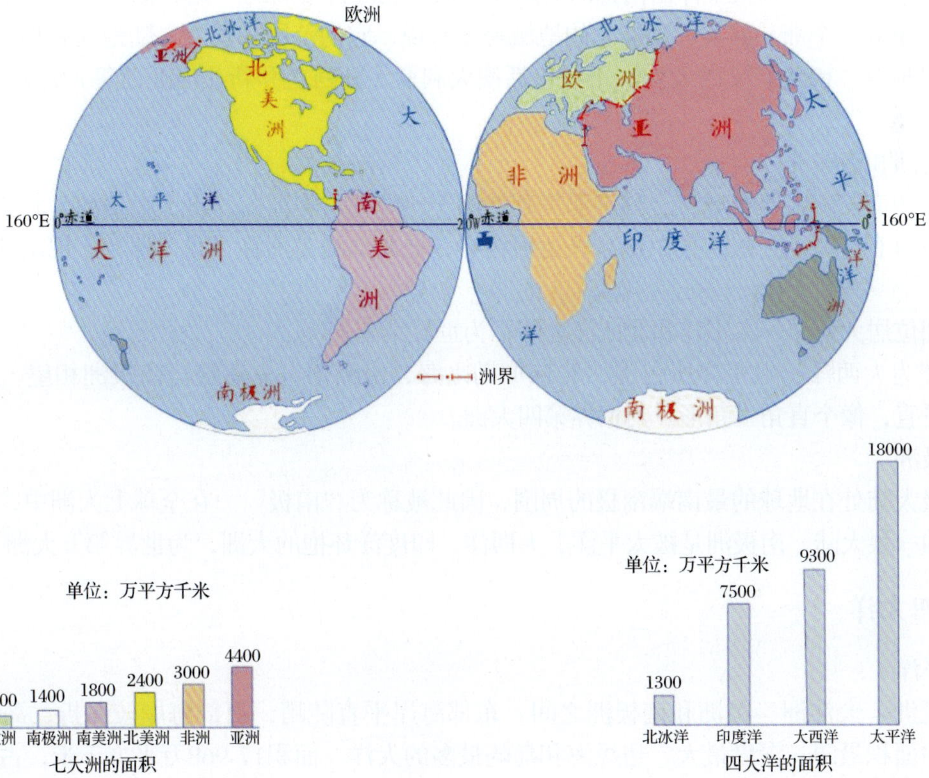

图4.1　世界海陆分布图

从世界海陆分布图上看，世界的海洋是互相连通的广大水域，陆地被海洋分隔成大小不等的许多块。通常人们把海洋所包围的大面积陆地叫做大陆，小块陆地叫做岛屿。大陆及其附近的岛屿合称为洲。这样，地球上的陆地共可划分为七个大洲。它们是亚洲、欧洲、非洲、北美洲、南美洲、大洋洲和南极洲。

世界的海洋是以大洋及其围绕它所附属的大海共同组成的一个整体。大洋是海洋的主体，根据海陆分布形势，可把世界大洋分为四部分：太平洋、大西洋、印度洋和北冰洋。

二、七大洲

1. 亚洲

古代人把地中海以东的地方叫做亚细亚（意思是“日出之地”），亚洲即是亚细亚洲的简称。位于东半球的东北部。亚洲面积4400万平方千米，是世界第一大洲。亚洲大陆和欧洲大陆相连，合称“亚欧大陆”。亚欧大陆为世界上最大的大陆，其中亚洲大陆又占了亚欧大陆的4/5。

亚洲西北部以乌拉尔山脉、乌拉尔河、里海、高加索山脉、黑海和土耳其海峡同欧洲分界；西南隔苏伊士运河、红海与非洲相邻；东北隔白令海峡与北美洲相对；东南隔海与大洋洲相望。

2. 欧洲

古代人把地中海以西的地方叫欧罗巴（意思是“日落之地”），欧洲即是欧罗巴洲的简称。位于东半球的西北部。 欧洲大陆与亚洲大陆同为一“陆”。人们以乌拉尔山为界限，人为地将其分开。 从整个亚欧大陆看，欧洲大陆像亚欧大陆的一个“大半岛”，一直伸向西方，在世界七大洲排第六位。

除与亚洲的分界，南隔地中海、直布罗陀海峡与非洲相望，西北隔格陵兰海、丹麦海峡与北美洲相对。

3. 非洲

全称是“阿非利加洲”，拉丁文的意思是“阳光灼热”，因为非洲被赤道横穿中部，非洲多处位于热带和亚热带地区。位于东半球的西南部，外形单调略似三角形，是世界第二大洲。

4. 大洋洲

“大洋洲”一词，指太平洋西南部的大陆及赤道南北的许多岛屿。此名意为“大洋中的陆地”。 是世界上面积最小的一个洲。其实，如按它的地域跨度来说，它的范围却很大，陆地面积加上水域面积，可称为“世界之最”。因为广义的大洋洲不仅包括澳大利亚、新西兰和新几内亚岛等1万多个岛屿，还包括太平洋三大群岛。

5. 北美洲和南美洲

北美洲和南美洲在西半球，合称“亚美利加洲”，简称“美洲”。由于南美洲、北美洲两块大陆各居一方，并各自有其特点，故人们以巴拿马运河为界，把北部的美洲称“北美洲”，把南部的美洲称“南美洲”。

北美洲位居大西洋、太平洋和北冰洋之间，为世界第三大洲。

南美洲为大西洋、太平洋所包围，北濒加勒比海，南隔德雷克海峡与南极洲相望。大陆轮廓北宽南窄，海岸平直，像个直角三角形。为世界第四大洲。

6. 南极洲

因南极大陆处在地球的最南端南极的周围，因此被称为“南极”。在全球七大洲中，南极大陆是人类最后发现的一块大陆。南极洲是被太平洋、大西洋、印度洋环抱的大洲，为世界第五大洲。

三、四大洋

1. 太平洋

位于亚洲、大洋洲、美洲和南极洲之间。东部海岸平直陡峭，西部海岸较曲折，岛屿多。太平洋是世界海洋中面积最阔、深度最大、边缘海和岛屿最多的大洋。面积17 968万平方千米，占世界海洋面积的49.8%。平均水深4028米，最大深度11 034米，是目前已知世界海洋的最深点。

2. 大西洋

位于南、北美洲和欧洲、非洲、南极洲之间。北大西洋海岸线曲折，多海湾、岛屿，南大西洋海岸线平直，海湾、岛屿较少。总面积约为9336万平方千米，占世界海洋面积的25.9%，是世界第二大洋。平均深度3627米，最大深度9218米。洋底中部有一条南北纵贯的大西洋海岭。

3. 印度洋

位于亚洲、大洋洲、非洲和南极洲之间。印度洋北部封闭，南部开敞。北部因被较多半岛和岛屿穿插分隔，海岸线曲折，东、西、南三面海岸线陡峭平直。面积约为7492万平方千米，占世界海洋面积的20.7%，是世界第三大洋。平均深度3897米，最大深度7450米。印度洋的主体位于赤道、热带和亚热带范围内，故被称为热带海洋。

4. 北冰洋

位于地球的最北面，大致以北极为中心，被亚洲、欧洲和北美洲所环抱。北冰洋海岸线曲折，岛屿众多。是四大洋中面积和体积最小、深度最浅、水温最低的大洋。面积约为1310万平方千米，仅占世界大洋面积的3.6%。平均深度1296米，最大深度也只有5449米。

练一练

读“世界海陆分布图”，在简图中快速找出七大洲、四大洋的位置并填写名称。

第二节 陆地地形（选学）

一、五种陆地基本地形及特征

地球表面各种各样的形态，总称地形。陆地表面高低起伏，形态各异，按其形态人们把陆地地形分为山地、高原、平原、丘陵和盆地五种基本类型。其各自的地形特征一般从地面的高低（一般用海拔表示）、地面的起伏大小（一般用相对高度表示）和形态来说明。

1. 山地

陆地表面海拔在500米以上，相对高度较大，顶部高耸，坡度较陡，沟谷幽深的地区。有的山地绵延很长，呈条带状分布，称作山脉。世界上有两条巨大山系：一条是横穿亚欧大陆中南部的阿尔卑斯—喜马拉雅山系；另一条是纵贯南、北美洲西部的科迪勒拉山系。

2. 高原

海拔在500米以上，面积较大，顶面起伏和缓，边缘比较陡峻的广大地区。世界上最大的高原是南美洲的巴西高原，面积500万平方千米。全球最高的高原是中国的青藏高原，平均海拔在4000米以上。

3. 平原

陆地上海拔一般在200米以下，面积宽广、平坦或有轻微的波状起伏的地区。世界上最大的平原是南美洲的亚马孙平原，面积约560万平方千米，海拔一般不超过150米。

4. 丘陵

陆地表面海拔大致在500米以下，相对高度一般不超过200米，表面比较浑圆的低矮山丘。我国丘陵较集中地分布在长江以南、云贵高原以东、直抵海岸的东南地区。

5. 盆地

周围山岭环绕，中间低平的盆状地形。世界最大的盆地是非洲的刚果盆地，面积约达500万平方千米。

二、七大洲地貌特点

世界上不同地区的地形差异很大，七大洲的地形特点，一般是从海拔、地面起伏和地势、地形类型及分布等多方面来表述。

1. 亚洲

亚洲的地形复杂多样，起伏较大。地势中部高，四周低。中部高原、山地面积广大，约占全洲面积的3 /4，平均海拔4000米以上。平原分布在大陆的周围地区，海拔多在200米以下。亚洲有世界最高的喜马拉雅山脉（最高峰珠穆朗玛峰海拔8844.43米），又有世界最低的洼地死海（平均海拔–415米）。

2. 欧洲

欧洲地势低平，起伏不大。地形以平原为主，平原面积约占全洲总面积的2/3，平均海拔300米左右，是世界上平均海拔最低的一洲。主要平原有东欧平原、中欧平原、西欧平原，山脉主要分布在北部和南部，北部有斯堪的纳维亚山脉，南部是阿尔卑斯山脉。

3. 非洲

非洲地形以高原为主，起伏较小。被称为“高原大陆”。地势由东南向西北倾斜。高原自北向南有埃塞俄比亚高原、东非高原、南非高原。东部有一条纵贯南北的断层陷落带——东非大裂谷带。中部是广大的刚果盆地，北部有世界最大的撒哈拉沙漠。西北部有阿特拉斯山脉，东南部有德拉肯斯山脉。

4. 北美洲

北美洲地形由山地、高原和平原三大地形区组成。明显地分为三个南北纵列带，西部是高大的山系属科迪勒拉山系，中部有广阔的大平原，东部是低缓的高地，由阿巴拉契亚山脉和拉布拉多高原构成。

5. 南美洲

南美洲地势西高东低，也可分为三大地形区。西部为高大的科迪勒拉山系在南美洲的延伸部分，即安第斯山脉。东部是广阔的冲积平原和波状起伏的高原相间交错分布。

6. 大洋洲

大洋洲的澳大利亚大陆地形也是由三大地形区组成，西部是广阔的高原，中部是平原，东部山地是纵贯南北的大分水岭。

7. 南极洲

南极洲覆盖着很厚的冰雪，平均海拔2350米，是世界上海拔最高的一洲。

练一练

问答题

1. 找一世界地形图，在图上找出世界最大山系、最大平原、最大高原、最大盆地。
2. 列表说明世界各大洲的地形特点。

第三节　陆地水与水循环

一、陆地水

1. 陆地水

陆地上水体的总称，一般指存在于河流、湖泊、冰川、沼泽和地下的水体。地球上的陆地水约有5.597多万立方千米，约占地球表面总水量的3.469%。陆地上水体蕴藏着各种丰富的自然资源，对人类的生产和生活具有重要意义。河流为人类提供了灌溉、发电、渔业、城市用水，为航运及能源开发提供了极为有利的条件，世界上许多大河流域是人类文明的发祥地。陆地水按其空间分布不同可以分为地表水和地下水。地表水包括河水、湖泊水、沼泽、冰川、积雪、土壤水等地表水体。地下水按其埋藏条件主要可分为潜水和承压水（图4.2）。

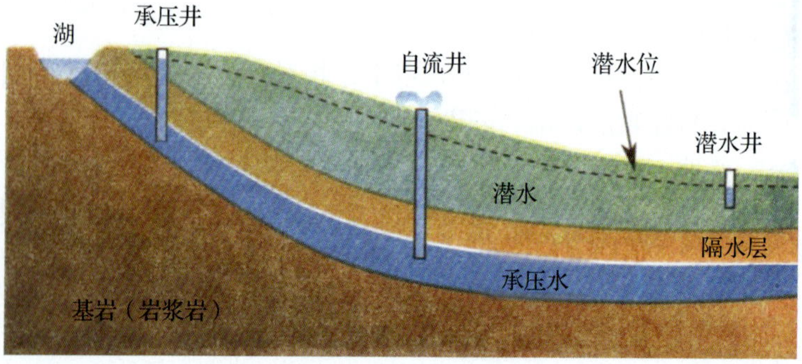

图4.2　地下水示意图

2. 陆地水体相互关系

陆地水体的相互关系是指它们之间的运动转化及其水源补给关系。我们知道，自然界的水处于永不停息的循环运动之中，陆地各种水体也在不断地运动更新和相互转化。为河流提供水源叫河流补给。

（1）雨水补给。大气降水中的雨水是补给河流的最重要来源。温暖湿润地区的河流主要靠雨水补给。我国东部属于季风气候，洪水期与夏秋多雨相一致，枯水期与冬春少雨相符合，河流年径流量，雨水补给占70%~90%。

（2）冰雪补给。温带与寒带不少地区，冬季积雪不化，至第二年春暖季节，积雪消融补给河流，形成春汛。例如，我国东北松花江就有明显的春汛，流量有所增大。在高山永久积雪区，冰雪夏日消融，成为河流主要补给来源。天山、祁连山等山区河流，以及塔里木、柴达木、河西走廊地区的河流主要靠高山冰雪融水补给。以高山冰雪消融补给的河流，水量比较稳定，这是因为冰雪消融与气温关系密切，而这些地区气温年际变化是很小的。

（3）地下水补给。大气降水于地表后，下渗到岩石裂缝、孔隙中，储为地下水，稳定而可靠地补给河流。有不少河流的源头就是靠地下水涓涓细流补给的。我国西南石灰岩分布区，岩溶发育，有溶洞和地下暗河，稳定地补给江河。地下水与河流补给关系比较复杂，例如，有的是地下水单向补给河流；有的是洪水期河流补给地下水，枯水期地下水补给河流，河流与地下水相互补给。

（4）混合补给。河水补给来源实际上是多方面的，大多数河流以雨水和地下水补给为主；有些大河，上游发源于高山高原，中下游流经温暖湿润地区，这样，雨水、冰雪融水、地下水都参与河流补给；有的河流除上述补给来源外，还有湖泊补给，例如，白头山顶天池补给松花江；长江中游许多湖泊补给长江，对长江水量有巨大的调节作用。

河流水、湖泊水、地下水之间还具有水源相互补给关系（图4.3）。当河流水位高于湖面或潜水面时，河水补给湖泊水或地下潜水，当河流水位低于湖面或潜水面，湖泊水或潜水补给河水。湖泊对河流径流起调蓄作用，在洪水期蓄积部分洪水，可以延缓、削减河川洪峰。例如，我国长江中下游地区许多湖泊，对长江及其支流的洪水起着天然调节作用。修建水库更是可以起到人工拦蓄洪水，并按人们的需要来调节河川径流变化作用。

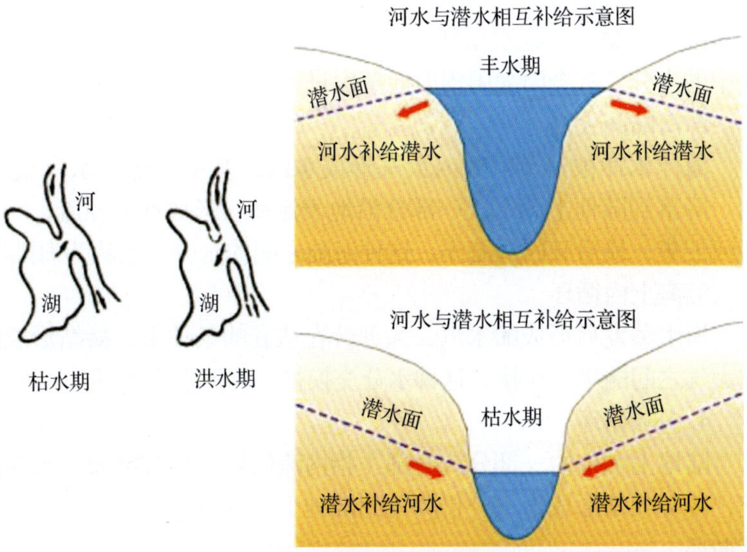

图4.3　陆地水体的相互转化

练一练

填空题

读下图，完成（1）~（3）题。

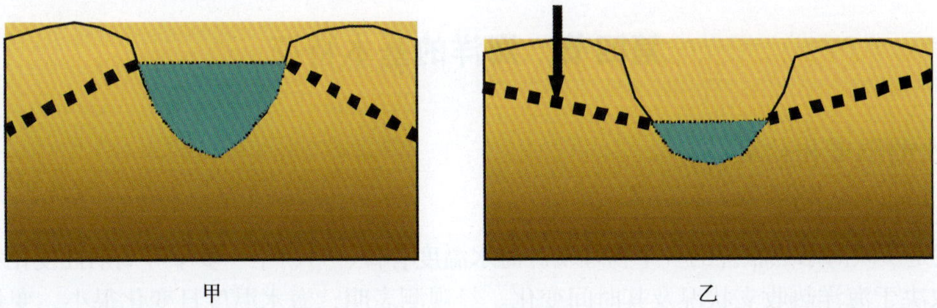

（1）甲图中____水补给____水，原因是________________。

（2）乙图中____水补给____水，原因是________________。

（3）两图说明河流水和潜水之间具有________关系，在图中用箭头表示出来。

二、水循环

1. 概念

地球上的水不仅存在于水圈中，也存在于大气圈、生物圈和岩石圈中。在自然界中，水通过蒸发、植物蒸腾、输送、凝结降水、下渗和径流（地表径流、地下径流）等环节，在各种水体之间进行着连续不断的运动，这种运动过程称为水循环（图4.4）。

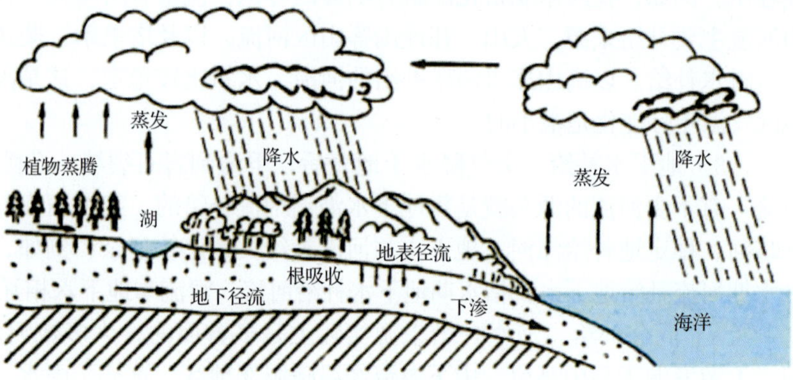

图4.4　水循环示意图

水循环是一个复杂的过程，时时刻刻都在全球范围内进行着，具体包括海陆间循环、海上内循环和陆地内循环。在水循环中，蒸发是初始的环节。海陆表面，包括海洋、陆地、植物、矿石甚至人的皮肤中的水分，都会因太阳辐射而蒸发进入大气。其中海洋水体的蒸发占主体。

2. 海陆间大循环

海洋水体被蒸发后进入大气形成水汽，其中一部分水汽被输送到陆地上空以雨、雪等形式降落到地面。降落到陆地上的水，一部分沿地表流动，形成地表径流；一部分渗入地下，形成地下径流。二者经过江河汇集，最后又回到海洋。这种海陆之间的水分交换称为海陆间循环。

3. 海上内循环

海水蒸发后形成的水汽，大部分在适宜的条件下，凝结形成降水，降落在海洋中，形成海洋与海洋上空大气之间的水分交换，这种水分交换被称为海上内循环。

4. 内陆循环

陆地上水中的一部分或全部（指内流区域）通过路面、水面蒸发和植物蒸腾形成水汽，被气流带到上空，冷却凝结形成降水，仍降落到陆地上，这种陆地与陆地上空大气之间的水分交换称为陆地内循环或内陆循环。

5. 水循环的意义

（1）水循环是地球上最活跃的能量交换和物质转移过程之一。它对地表太阳辐射能起着吸收、转化和传输的作用，缓解了不同纬度热量收支不平衡的矛盾。

（2）水循环是海陆间联系的主要纽带，陆地径流源源不断地向海洋输送大量的泥沙、有机物和无机盐类。

（3）水循环是自然界最富动力作用的循环运动，不断塑造着地表形态。

第四节　海洋的基本特征

一、海水的温度和盐度

1. 海水温度

海水温度是反映海水热状况的一个物理量。海水温度有日、月、年、多年等周期性变化和不规则的变化，它主要取决于海洋热收支状况及其时间变化。经观测表明，海水温度日变化很小，变化水深范围为0～30米处，而年变化可到达水深350米左右处。三大洋表面年平均水温约为17. 4℃，其中以太平洋最高，达19.1℃，印度洋次之，达17.0℃，大西洋最低，为16.9℃。

海洋表层海水的温度状况，除了取决于热量平衡的分布与变化外，还受沿岸地形、气象、洋流等的影响。一般来说，低纬度海区的水温，高于高纬度海区的水温。同一海区的水温，夏季高些，冬季低些。与同纬度海区相比，有暖流流过的海区，水温要高些；有寒流流过的海区，水温要低些。

海水的温度随深度增加而递减。由于海水导热率很低，表层海水以下，海水温度随水深变化不大，太阳辐射热量集中储存在海洋表层，1000米以下的深层海水，经常保持着低温状态。

2. 海水盐度

海水盐度是指海水中全部溶解固体与海水重量之比，通常以每千克海水中所含的克数表示。人们用盐度来表示海水中盐类物质的质量分数。世界大洋的平均盐度为3.5%。

海水盐度因海域所处位置不同而有差异，主要受气候与大陆的影响。在外海或大洋，影响盐度的因素主要有降水、蒸发等；在近岸地区，盐度则主要受河川径流的影响。从低纬度到高纬度，海水盐度的高低，主要取决于蒸发量和降水量之差。蒸发使海水浓缩，降水使海水稀释。有河流注入的海区，海水盐度一般比较低。

在海洋，赤道一带降雨量大，盐度较低。在高纬度地区，溶解的冰降低了盐度。盐度最高的地区是蒸发量高而降雨相对较低的中纬地区。大西洋盐度略高于太平洋。

二、海水的运动

1. 海水运动形式

（1）波浪。海水受海风的作用和气压变化等影响，促使它离开原来的平衡位置，而发生向上、向下、向前和向后方向的运动，这就形成了海上的波浪（图4.5）。

波浪是一种有规律的周期性的起伏运动。越受惯性作用，波浪最高处向前倾倒，摔到海滩上，成为飞溅的浪花。

（2）潮汐。由于日、月引潮力的作用，使地球的岩石圈、水圈和大气圈中分别产生周期性的运动和变化的总称。

（3）洋流又称海流。是海洋中除了由引潮力引起的潮汐运动外，海水沿一定途径的大规模流动。

图4.5　海水运动

2. 洋流

（1）洋流概念及分类。海洋中的海水，常年比较稳定地沿着一定方向做大规模的流动，叫做洋流，又称海流。洋流的空间尺度大，流动范围可达数百、数千千米甚至环绕全球。

洋流按照性质可以分为暖流和寒流。若洋流的水温比到达海区的水温高，则称为暖流；若洋流的水温比到达海区的水温低，则称为寒流。一般由低纬度流向高纬度的洋流为暖流，由高纬度流向低纬度的洋流为寒流。

（2）洋流运动的原因。引起洋流运动的因素是多方面的。可以是盛行风吹拂海面，推动海水随风漂流，并且使上层海水带动下层海水流动，形成规模很大的洋流，称为风海流；也可以是不同海域海水温度和盐度不同造成海水密度分布不均引起海面的倾斜，造成海水的流动，称为密度流；或者当某一海区的海水减少时，相邻海区的海水流来补充，便形成了洋流，称为补偿流。海洋表面实际发生的洋流，总是多种因素综合作用的结果。洋流前进时，受陆地形状的限制和地转偏向力的影响，运动方向会发生改变。

（3）洋流分布规律

从世界表层洋流分布图（图4.6）中可以看出：

在赤道附近由东北信风和东南信风驱动下形成了强大的洋流，它包括北赤道流和南赤道流，它起始于大洋的东海岸附近，自东向西横贯大洋，是一支较稳定的洋流。赤道流到达大洋西岸向南北方向分流，在北太平洋往北形成日本暖流，在南太平洋往南形成东澳大利亚暖流，在北大西洋形成墨西哥湾暖流，在南大西洋形成巴西暖流，在印度洋中形成厄加勒斯暖流。其中墨西哥湾暖流和日本暖流最为强大。

在盛行西风作用下，中纬度海区的海水几乎全年向东运动形成西风漂流。在北半球，西风漂流表现为北太平洋和北大西洋暖流。在南半球，由于三大洋面积辽阔，彼此相连，风力强盛，使西风漂流得到充分发展，从南纬30°一直扩展到南纬60°。西风漂流到达大洋东岸分成南、北两支，向高纬去的一支成为暖流（北半球）；向低纬去的一支成为寒流，并汇入南北赤道流。

在北印度洋海区，受季风影响，洋流具有明显的季节变化。冬季海水向西流动，洋流呈逆时针风向流动；夏季海水向东流动，洋流呈顺时针风向流动。

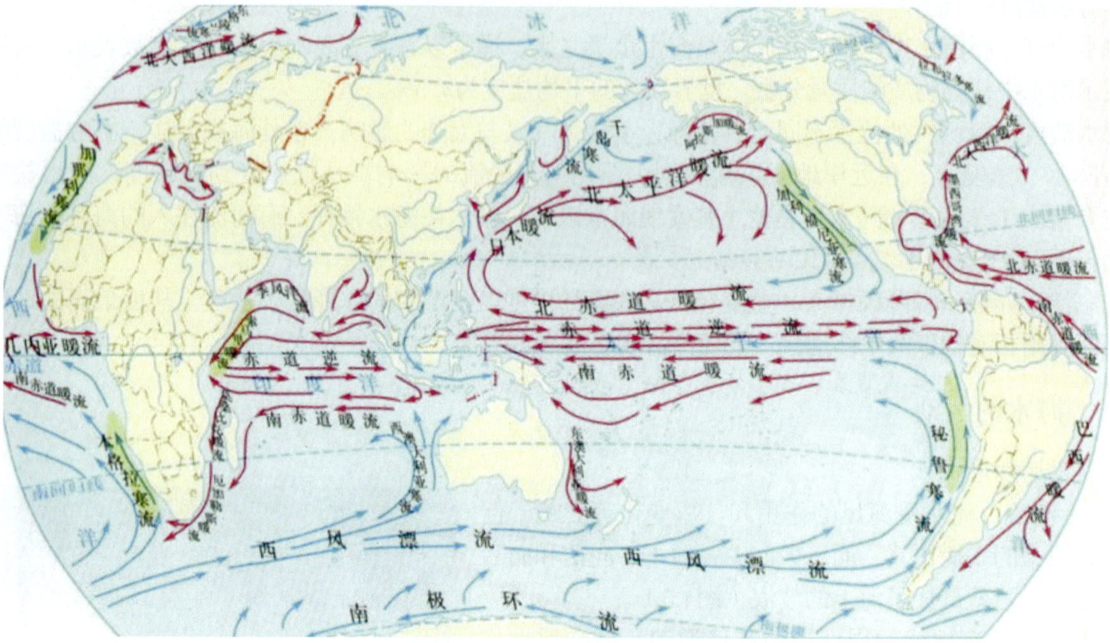

图4.6 世界表层洋流分布图

（4）洋流对环境的影响

洋流对大陆沿岸气候的影响。暖流对沿岸气候有增温、增湿作用。例如，北大西洋暖流是西欧海洋性气候形成的主要原因之一（图4.7），如果没有北大西洋暖流的作用，英国和挪威的海港将有半年以上的冰封期。相反，寒流对沿岸气候有降温、减湿作用。例如，澳大利亚西海岸、秘鲁太平洋沿岸的荒漠环境，沿岸寒流带来了一定的影响。

洋流对海洋生物的分布有着重要影响。寒流和暖流交汇的海区，给鱼类带来了多种饵料，这些海区往往形成世界著名的渔场，如纽芬兰渔场和日本北海道渔场。在秘鲁海区，上升流将下层营养盐类带到表层，有利于浮游生物大量繁殖，为鱼类提供饵料，因此这里水产丰富，是世界著名的渔场之一。

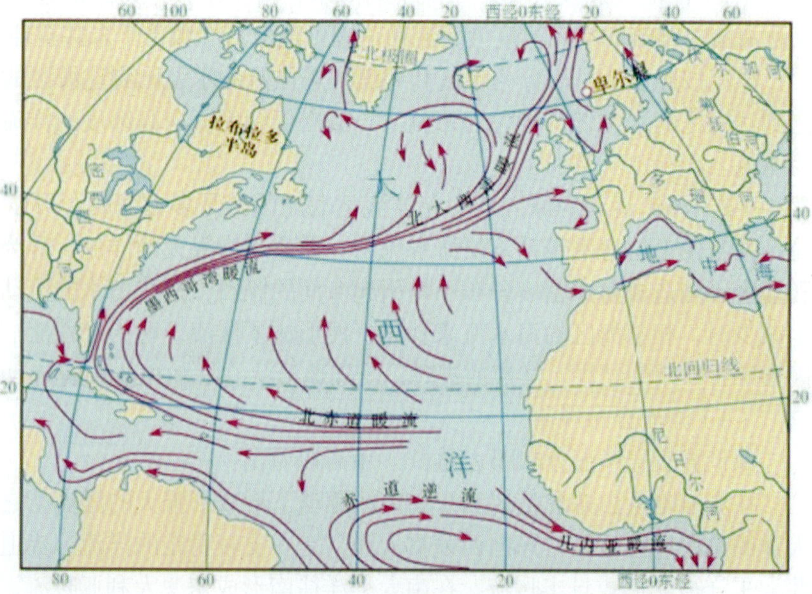

图4.7 北大西洋暖流图

洋流对海洋航行也有影响。海轮顺洋流航行可以节约燃料，加快速度。寒、暖流相遇往往形成海雾，对海上航行不利。例如，在纽芬兰岛东南海区，南下的拉布拉多寒流和北上的墨西哥湾暖流相遇，形成茫茫海雾，影响海上航行。此外，每年洋流从北极地区携带冰山南下，也给海上航行造成较大威胁。

洋流还可以将某一海区的污染物质携带到其他海域，有利于污染物的扩散，加快净化速度。但是，其他海域也可能因此受到污染，使污染范围扩大。

练一练

问答题

读“世界表层洋流分布示意图”，回答以下问题。

（1）找出纽芬兰渔场和北海道渔场的大致位置，具体分析形成大渔场的原因。

（2）俄罗斯的摩尔曼斯克港在北极圈以内，海水却终年不封冻，说说原因。

第五节　地表形态的变化

一、地壳物质的组成与循环

地壳是由岩石组成的，岩石是由矿物组成的。组成地壳物质处于不断的运动和变化之中。

1. 组成岩石的矿物

自然界一切物质都是由化学元素组成的。根据地球化学分析，地壳中自然存在的化学元素已发现的有90多种。这些元素在地壳中含量差别很大（图4.8）。就是同一种元素在地壳中的分布也是不均匀的。一些稀有元素如金、铂等尽管在地壳中含量甚微，但在一定的地质条件下，也可能在一定的地段富集起来被人类开采利用。地壳中的化学元素，在一定地质条件下结合而成的天然化合物或单质，就是矿物。矿物种类很多，但常见的只有几十种，其中组成岩石主要成分的造岩矿物不过二三十种。如石英、云母、长石、方解石等（图4.9）。

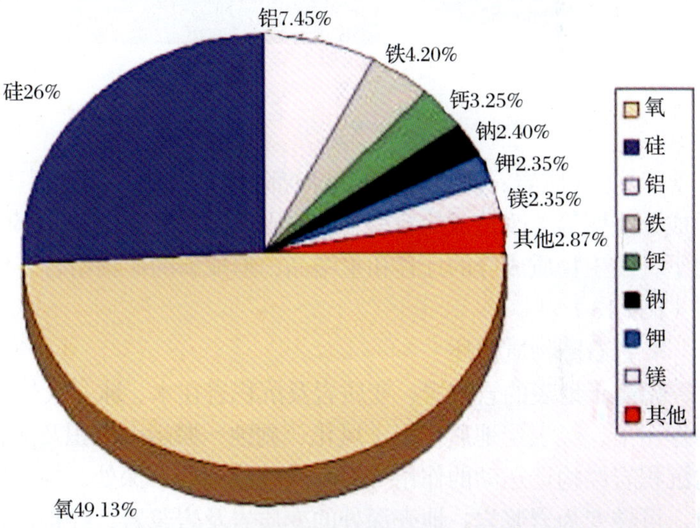

图4.8　地壳中主要元素含量百分比图

石英　云母　长石　方解石

图4.9　主要造岩矿物

2. 岩石及其成因

地壳中的矿物很少单独存在，它们常常按照一定的规律聚集在一起，就形成了岩石。例如，大理岩主要由方解石集合而成；花岗岩则是由长石、石英和云母等组成的。岩石按成因可以分为岩浆岩、沉积岩和变质岩三大类。

（1）岩浆岩：是岩浆活动产物。岩浆是地下深处一种黏稠的高温熔融物质，并含有大量挥发性气体。岩浆在巨大压力作用下，沿着地壳薄弱地带侵入地壳上部或喷出地表，随着温度压力的变化，冷却凝固而形成的岩石，叫岩浆岩。其中，火山喷发形成的岩石又称火山岩，代表岩石是玄武岩（图4.10）；未喷出地表的叫侵入岩，代表岩石是花岗岩（图4.11）。

图4.10 玄武岩

图4.11 花岗岩

（2）沉积岩：裸露在地表的岩石在风吹、雨打、日晒以及生物作用下，逐渐成为砾石、沙子和泥土。这些碎屑物质被风、流水等搬运后沉积起来，经过压紧固结作用而形成的岩石，叫做沉积岩。按沉积物的颗粒大小，分为砾岩、砂岩、页岩、石灰岩等（图4.12）。

砾岩　砂岩　页岩　石灰岩

图4.12 沉积岩

（3）变质岩：是指受到地球内部力量（温度、压力、应力的变化、化学成分改变等）改造成的新型岩石。固态的岩石在地球内部的压力和温度作用下，发生物质成分的迁移和重结晶，形成新的矿物组合。代表岩石是大理岩（图4.13）。

图4.13 大理岩

3. 岩石圈物质循环

出露于地表的岩浆岩、变质岩及沉积岩在水、冰、大气等各种地表营力的作用下，经表层地质作用（风化、剥蚀、搬运、沉积及成岩作用）可以重新形成沉积岩。地壳表层形成的沉积岩经构造运动的作用可卷入或埋藏到地下深处，经变质作用形成变质岩；当受到高温作用以致熔融时，可转变为岩浆岩。地壳深处的变质岩及岩浆岩，经构造运动的抬升与表层地质作用的风化与剥蚀，又可上升并出露于地表，进入形成沉积岩的阶段（图4.14）。

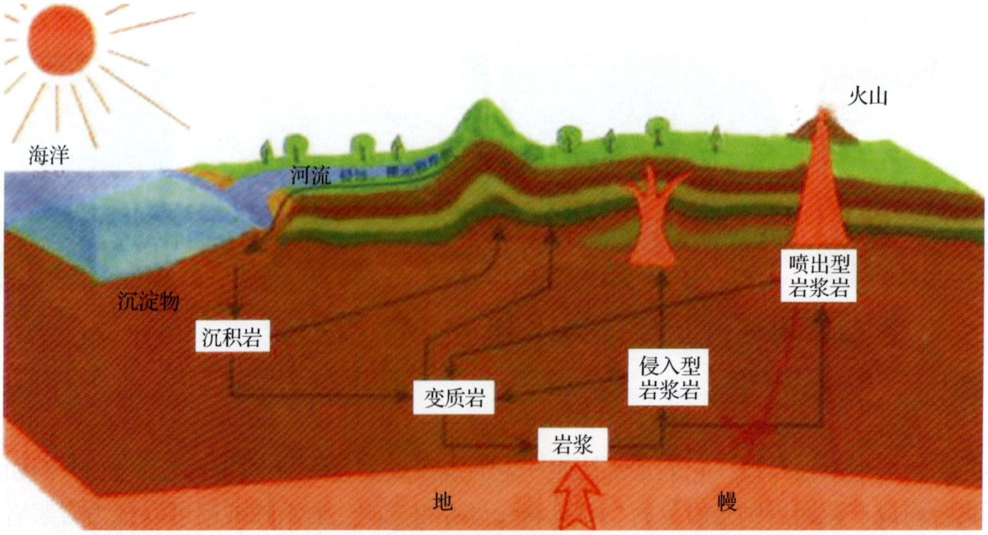

图4.14 岩石圈物质循环

二、形成地表形态的内力作用

内力作用的能量是来自地球内部，促使地球内部和地壳的物质成分、构造、表面形态发生变化的各种作用。其能量主要包括来自地球自转产生的旋转能和放射性元素蜕变产生的热能。

内力作用的表现形式有地壳运动、岩浆活动、变质作用等。内力作用的结果，使地球表面变得高低不平，形成高山和盆地。成为塑造地球表面形态的主力军，对地壳物质的形成和发展起主导作用，也是形成地形的基本力量。

1. 地壳运动

地壳运动又称构造运动或大地构造运动，是指引起地壳结构改变和地壳物质变位的一种运动。根据地壳运动方向，可分为水平运动和垂直运动两种基本形式。我国华山北坡大断崖，是垂直运动的结果（图4.15）。

图4.15 华山北坡断崖

图4.16 日本富士山

2. 岩浆活动

地球内部能量的积聚和释放可能表现为岩浆活动。像火山活动即为岩浆活动。例如，长白山顶部天池即为火山口积水而成，日本的富士山是一座活火山（图4.16）。

3. 变质作用

变质作用是指已存在的岩石受物理条件和化学条件变化的影响，改变其结构、构造和矿物成分，成为一种新的岩石的转变过程。

4. 构造地貌

地壳运动引起的地壳变形变位，常常被保留在地壳岩层中，成为地壳运动的证据。在山区，我们经常可以看到裸露地表的岩层，它们有的是倾斜弯曲的，有的是断裂错开的，这些都是地壳运动的“足迹”，称为地质构造，形成的地貌，称为构造地貌。

（1）褶皱。当岩层受到地壳运动产生的强大挤压作用时，便会发生弯曲变形，这叫做褶皱。地壳发生褶皱隆起，常常形成山脉。世界许多高大的山脉，如喜马拉雅山、阿尔卑斯山、安第斯山等，都是褶皱山脉。它们是由地壳板块相互碰撞、挤压，在板块交界处发生大规模褶皱隆起而形成的（图4.17）。

图4.17 褶皱构造

褶皱有两种基本形态，中间向上隆起的叫背斜，中间向下凹陷的叫向斜（图4.18）。

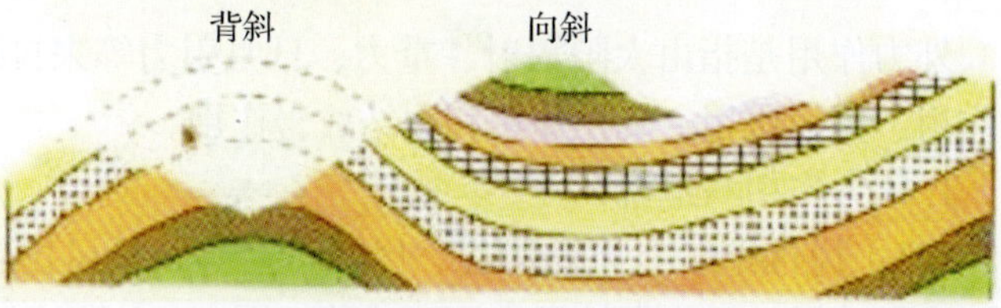

图4.18 背斜、向斜构造示意图

背斜是褶皱构造中的基本形态之一。背斜外形上一般是向上凸出的弯曲，岩层自中心向外倾斜，核心部分是老岩层，两翼是新岩层。背斜顶部受张力作用，岩性脆弱，易被侵蚀，在外力作用下形成谷地。向斜与背斜的情况相反，底部岩性坚硬，不易侵蚀，易接受沉积。背斜在外力作用下反而成谷，向斜在外力作用下反而成山，这种情况称为“地形倒置”，是外力作用的典型体现。

背斜、向斜区分方法。背斜，指的是岩层向上弯曲，主要的判断方法是内老外新，在一水平面上，中间是老岩层，而两边是新岩层。向斜，指的是岩层向下弯曲，主要的判断方法是内新外老，在一水平面上，中间是新岩层，而两边是老岩层。

背斜常是良好的储油、气构造，背斜处适合建隧道。向斜是良好的储水构造，向斜处适合建水库。

（2）断层。地壳岩层因受力达到一定强度而发生破裂，并沿破裂面有明显相对移动的构造称断层（图4.19）。

在地貌上，大的断层常常形成裂谷和陡崖，如著名的东非大裂谷、中国华山北坡大断崖。在断层带上往往岩石破碎，易被风化侵蚀。沿断层线常常发育为沟谷，有时出现泉或湖泊。

断层是隧道、水库等大型工程应避开的地带，以免诱发断层活动，产生地震、滑坡、渗漏等不良后果。

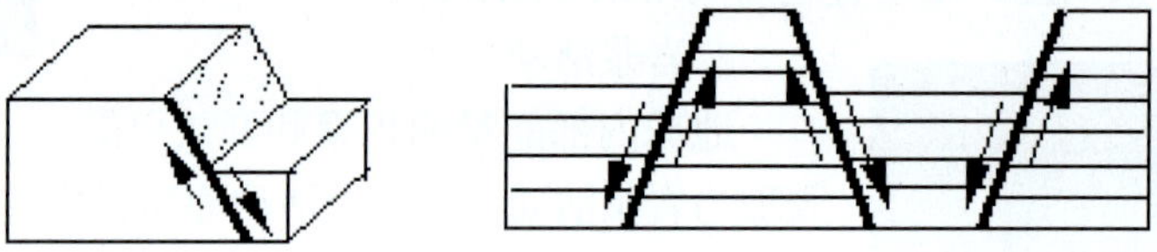

图4.19 断层构造示意图

练一练

填空题

读下图，完成（1）~（3）题。

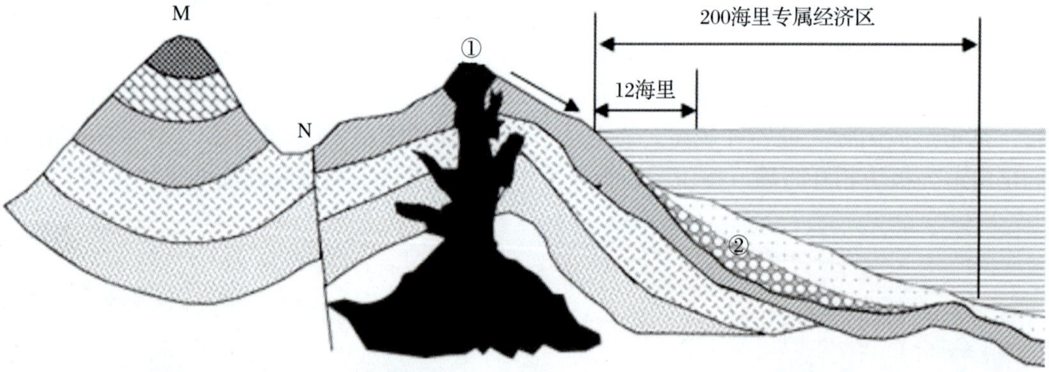

（1）从图中岩层形态看，M处地质构造为________；从地形上看，M处为________，其地形形成原因是____。

（2）在水循环影响下，①处的________岩可转化为________岩。

（3）从图中看，N处地质构造为________，此处容易形成________等地质灾害 。

三、改变地表形态的外力作用

外力作用是指由太阳辐射、重力、日月引力等来自地球外部的营力所引起的作用。包括风化作用、侵蚀作用、搬运作用、沉积作用和固结成岩作用。

1. 风力作用与地貌

（1）风蚀地貌：风蚀沟谷、风蚀洼地等，是风扬起沙石，吹蚀地表而形成；戈壁、裸岩荒漠，是地表沙尘和碎屑被风力侵蚀搬走而形成的（图4.20）。

（2）风积地貌：风在搬运途中，当风力减小或气流受阻，便导致风沙堆积（图4.21）。

图4.20 风蚀地貌

图4.21 风积地貌

2. 流水作用与地貌

（1）流水侵蚀地貌：使地面崎岖。如黄土高原千沟万壑的景观（图4.22）。坡面水流冲刷地面，下切形成沟谷，使沟谷不断发育。瀑布、峡谷为河流侵蚀作用的强烈表现。

（2）喀斯特地貌：具有溶蚀力的水对可溶性岩石进行溶蚀等作用所形成的地表和地下形态的总称。又称岩溶地貌（图4.23）。

图4.22 流水侵蚀地貌

图4.23 喀斯特地貌

（3）流水沉积地貌：山麓冲积扇——河流流出山口，大量碎石和泥沙在山前堆积；冲积平原和河口三角洲——河流中下游地区，泥沙淤积（图4.24）。

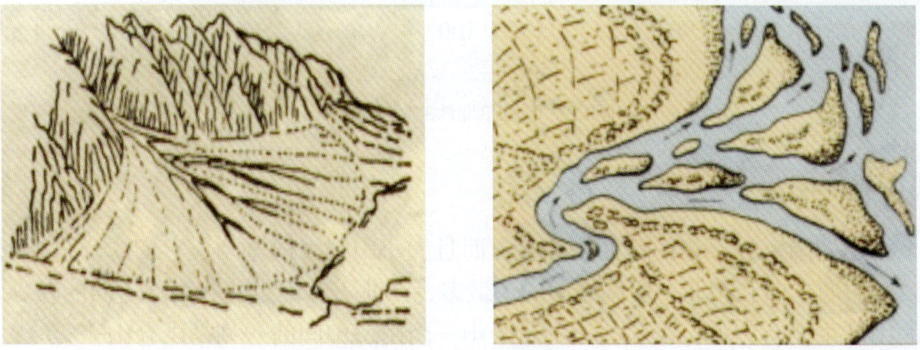

图4.24 流水沉积地貌

可以这样认为，内、外营力对地壳的作用是一种矛盾对立统一的过程，内力使地表变得凹凸不平，外力则企图使地球表面的起伏趋向平夷。内力作用往往为外力作用的进行创造条件，随着高山的抬升，外力的剥蚀作用必然加强；同样，内力作用产生的节理、裂缝和断层，为外力的风化剥蚀作用提供了可乘之隙，沿节理发育成各种山体。

从地质历史各个阶段来看，有时可能内力占主导地位，有时可能外力起主要作用。而内、外营力对地壳的组成物质——各种岩石长期不断地相互作用，才促使地球上各种地形的不断演化和发展。

想一想

1. 内力与外力的关系如何？它对人生有何指导意义？
2. 分析黄土高原千沟万壑的地表形态形成原因。
3. 如何区分背斜、向斜，在野外背斜、向斜多以什么样的地貌景观形式存在？

第六节　中国的地形（选学）

一、中国地形概况

在中国辽阔的大地上，有雄伟的高原、起伏的山岭、广阔的平原、低缓的丘陵，还有四周群山环抱、中间低平的大小盆地。陆地上的五种基本地形类型，中国均有分布。多种多样的地形为我国农业生产的全面发展提供了有利条件，也使工业生产的发展有了一定基础。

1. 山区面积广大

通常人们把山地、丘陵和比较崎岖的高原称为山区。中国山区面积占全国总面积的2/3，这是中国地形的显著特征。

2. 中国地势西高东低，大致呈阶梯状分布

地势的第一级阶梯是青藏高原，平均海拔在4000米以上。其北部与东部边缘分布有昆仑山脉、祁连山脉、横断山脉，是地势一、二级阶梯的分界线；地势的第二级阶梯上分布着大型的盆地和高原，平均海拔在1000~2000米之间，其东面的大兴安岭、太行山脉、巫山、雪峰山是地势二、三级阶梯的分界线；地势的第三级阶梯上分布着广阔的平原，间有丘陵和低山，海拔多在500米以下。如果通过北纬32°线，自西向东做一幅中国地形剖面图，从西部的大高原，到中部的盆地，再到东部平原，西高东低，呈阶梯状逐级下降的地势特点十分明显（图4.25）。

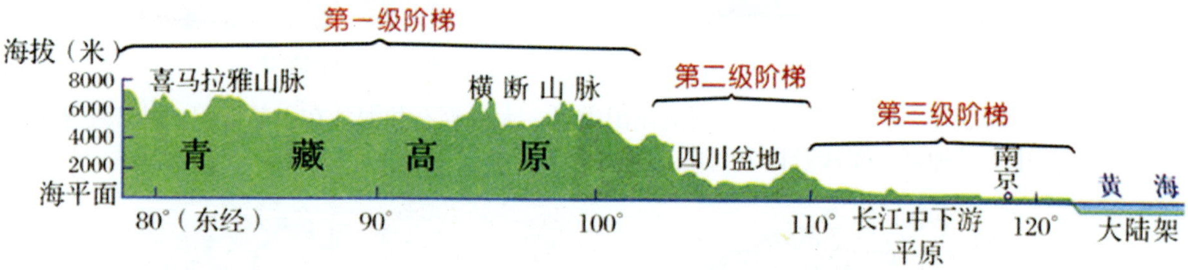

图4.25　我国沿北纬32°地形剖面图

二、主要山脉

中国是一个多山的国家，不仅山区面积广大，而且大小山脉纵横全国，它们的分布规则有序，按一定方向排列，大致以东西走向和东北—西南走向的为最多，西北—东南走向和南北走向的较少。

东西走向的山脉主要有三列：最北的一列是天山—阴山；中间的一列是昆仑山—秦岭；最南的一列就是南岭。

东北—西南走向的山脉多分布在东部，山势较低，这种走向的山脉主要也有三列：最西的一列是大兴安岭—太行山—巫山—武陵山—雪峰山；中间的一列包括长白山、辽东丘陵、山东丘陵和浙闽一带的东南丘陵山地；最东的一列则是崛起于海上的台湾山脉。

西北—东南走向的山脉多分布于西部，由北而南依次为阿尔泰山、祁连山。

南北走向的山脉纵贯中国中部，主要包括贺兰山、六盘山和横断山脉。

弧形山脉主要有喜马拉雅山脉，呈一向南凸出的弧形，平均海拔6000米。位于中尼边境的珠穆朗玛峰

海拔8844.43米，是世界第一高峰。

上述这些山脉构成了中国地形的骨架，它们把中国大地分隔成许多网格。分布在这些网格中的高原、盆地、平原以及内海、边缘海的轮廓，都在一定程度上受到这些山脉的制约。

横亘全国的东西向山脉，又是一些大河的分水岭。秦岭山脉是黄河和长江的分水岭；南岭山脉是长江和珠江的分水岭。

河流的流向明显地受着山脉的制约，如西南部的雅鲁藏布江、金沙江、澜沧江和怒江等，它们的流向都受到冈底斯山、唐古拉山、喜马拉雅山与横断山等山脉的控制。长江、黄河总的流向是自西向东，但许多河段也受山脉走向的制约，时宽时窄，时而向东南流，时而向东北流，最后东流入海。

从中国陆地的第三级阶梯继续向海面以下延伸，就是浅海大陆架，这是大陆向海洋自然延伸的部分，一般深度不大，坡度较缓，海洋资源丰富。

三、主要高原与盆地

1. 中国四大高原

（1）黄土高原。为世界最大的黄土堆积区。黄土厚50～180米，气候较干旱，降水集中，植被稀疏，水土流失严重，沟壑纵横。黄土高原矿产丰富，煤、石油、铝土储量大（图4.26）。

（2）内蒙古高原。内蒙古高原位于中国北部，是中国的第二大高原。海拔1000～1400米。地面坦荡，起伏和缓，多宽广盆地。草原辽阔，为中国重要牧区。西部沙漠分布广（图4.27）。

图4.26　黄土高原

图4.27　内蒙古高原

（3）云贵高原。位于我国西南部，是我国南北走向和东北—西南走向两组山脉的交汇处，地势西北高，东南低（图4.28）。它大致以乌蒙山为界分为云南高原和贵州高原两部分，两高原相连在一起，分界不明，所以合称为“云贵高原”。贵州高原位于多雨的季风区，雨量充足，因此有“天无三日晴”的说法。

（4）青藏高原。青藏高原位于亚洲中部，它是世界上最高的高原，平均海拔高度在4000米以上，有“世界屋脊”和“第三极”之称（图4.29）。

图4.28　云贵高原

图4.29　青藏高原

2. 中国四大盆地

盆地是周围山岭环峙、中部地势低平似盆状的地形。中国著名盆地有塔里木盆地、准噶尔盆地、柴达木盆地和四川盆地。它们都分布在中国的西部。

（1）塔里木盆地。塔里木盆地位于天山以南、昆仑山和帕米尔高原之间，是一个巨大的内陆盆地，也是中国最大的盆地。盆地地面由西向东微微倾斜，西部海拔可达1300米，东部的罗布泊则降低到768米（图4.30）。

（2）准噶尔盆地。准噶尔盆地位于天山以北，天山与阿尔泰山之间，是中国第二大盆地。盆地地势由东向西微微倾斜（图4.31）。

图4.30 塔里木盆地

图4.31 准噶尔盆地

（3）柴达木盆地。柴达木盆地是青藏高原上陷落最深的一个巨大盆地，位于青海省，阿尔金山、祁连山、昆仑山之间，由许多小型的山间盆地组成。盆地西高东低，是一个高原型盆地（图4.32）。

（4）四川盆地。四川盆地与上述三个盆地的自然景色迥然不同，这里江水滔滔终年不息，葱郁的山林、翠碧的田野衬托着紫红色的土壤，红绿相映成趣，使这个被誉为“天府之国”的盆地显得分外妖娆（图4.33）。

图4.32 柴达木盆地

图4.33 四川盆地

四、三大平原和主要丘陵

1. 三大平原

（1）东北平原。东北平原又称松辽平原。位于大、小兴安岭和长白山之间。主要由辽河、松花江、嫩江冲积而成。以长春附近松辽分水岭为界，松辽分水岭以南称辽河平原，以北称松嫩平原（图4.34）。东北平原包括黑龙江、吉林、辽宁三个省和内蒙古的一部分。是中国面积最大的平原。

（2）华北平原。中国第二大平原。位于黄河下游，主要由黄河、淮河、海河、滦河冲积而成，故又称黄淮海平原（图4.35）。分南、北两部分：南面为黄淮平原，北面为海河平原。气候属暖温带大陆性气候，四季变化明显。

（3）长江中下游平原。中国长江三峡以东的中下游沿岸带状平原，由长江及其支流冲积而成。中游平原包括湖北江汉平原，湖南洞庭湖平原、江西鄱阳湖平原（合称两湖平原）；下游平原包括安徽长江沿岸平原和巢湖平原以及江苏、浙江、上海间的长江三角洲（图4.36）。

图4.34　东北平原

图4.35　华北平原

图4.36　长江中下游平原

2. 三大丘陵

辽东丘陵，山东丘陵以及东南丘陵（包括江南丘陵，两广丘陵以及浙闽丘陵）是我国主要的三大丘陵。

（1）辽东丘陵。长白山地的延续部分，构造上属华北地区辽东隆起带，是我国柞蚕和暖温带水果基地（图4.37）。千山为辽东丘陵的主干，山地两侧为400米以下的丘陵地，面积广阔。

（2）山东丘陵。山东丘陵位于黄河以南，大运河以东的山东半岛上（图4.38）。它是由古老的结晶岩组成的断块低山丘陵。山东半岛也是我国温带果木的重要产地，如烟台的苹果、莱阳的梨等都非常著名。

（3）东南丘陵。东南丘陵是北至长江，南至两广，东至大海，西至云贵高原的大片低山和丘陵的总称（图4.39）。丘陵多呈东北—西南走向，丘陵与低山之间多数有河谷盆地，适宜发展农业。其中，位于长江以南，南岭以北的称为江南丘陵；南岭以南，两广境内的称为两广丘陵；武夷山以东、浙闽两省境内的称为浙闽丘陵。东南丘陵地处亚热带，降水充沛，热量丰富，是我国林、农、矿产资源开发、利用潜力很大的山区。

图4.37　辽东丘陵

图4.38　山东丘陵

图4.39　东南丘陵

想一想

1. 我们所说的山区通常包括哪些地形？我国山区面积广大，对农业生产有何利弊？

2. 在中国地形图上，找出我国主要山脉的位置。

3. 我国四大高原和四大盆地区域发展各有什么优势？发展过程中应注意哪些问题？

4. 东北平原为什么能成为我国最大的商品粮基地？华北平原为什么灾害频繁？长江中下游平原为什么能成为鱼米之乡？

1. 热带雨林带

赤道附近，全年高温多雨。这里生长着常绿茂密的森林。树干上缠绕着许多藤本植物（图5.3）。树林里阴暗潮湿，叶尖经常滴雨，所以叫做“雨林”。树上栖息有善于攀援的猩猩、猿猴，在河湖附近，可以看到皮厚耐热的河马、大象。

2. 热带草原带

热带雨林带的两侧或一侧，一年分为雨季和干季两季。全年降水量比热带雨林少，干季干燥。地面树林稀疏，长着较高的草，也叫做热带稀树草原（图5.4）。干季大部分树木要落叶，草也干枯。主要动物有长颈鹿、斑马等植食动物及狮等肉食动物。干季动物要向有水草处迁移。

图5.3　热带雨林带

图5.4　热带草原带

3. 热带沙漠带

南北回归线附近的大陆西部和中部。这个地带终年气温很高，各月降水都很少，地面只有很少耐旱的植物，大部分是沙丘或石砾（图5.5）。动物有能几天不喝水，并能走路的单峰驼等。骆驼的胃能反刍和贮水，可以耐饥耐渴。

4. 温带沙漠带

温带内陆降水稀少的地方，也成为沙漠地带。温带沙漠带夏季气温也相当高，但是冬季比较寒冷。地面只有少数耐旱植物，沙漠广布。大型动物有野驴、亚洲的双峰驼等（图5.6）。

图5.5　热带沙漠带

图5.6　温带沙漠带

5. 温带草原带

温带沙漠带周围分布着温带草原带。这一带气温比热带草原低，年降水量也较少，草长得较矮，有一些善于奔走的野生动物（图5.7）。

6. 阔叶林带

在温带草原带东西两侧降水比较丰富的地区，主要植物是阔叶树（图5.8）。在较低纬度地区，树木四季常绿，为常绿阔叶林，纬度较高地区为温带阔叶林。温带阔叶林带多被开辟为农田，天然森林保留已不多。野生动物在平原地区也很少，在山林中尚可见到一些，如我国的大熊猫，梅花鹿等。

图5.7　温带草原带

图5.8　温带阔叶林带

7. 亚寒带针叶林带

在北半球温带阔叶林带以北，即亚欧大陆和北美洲的北部。这一带分布着大片亚寒带针叶林（图5.9）。森林里树种比较单一，不像热带雨林里植物种类繁多。动物多长着很厚的皮毛，如熊、狐、松鼠等。

8. 苔原带

在亚寒带针叶林带以北的寒带，各月气温都很低，降水也少，树木不能生长，地面只能长苔藓，主要动物有驯鹿（图5.10）。

9. 冰原带

在南极大陆和格陵兰岛的大部分地区，气温极低，地面全被冰雪覆盖，主要动物在北极地区有北极熊，南极地区有企鹅（图5.11）。

图5.9　亚寒带针叶林带

图5.10　苔原带

图5.11　冰原带

上述各自然带之间并没有明显的界限，总是由这一带逐渐过渡到另一地带的。例如，温带阔叶林带与亚寒带针叶林带之间，就有针叶、阔叶混交林带。在人口稠密的农村和城市，自然带的天然森林、草原，多被人工建筑物和农田所代替，自然带的景观已不明显。

二、地带性地域分异规律

1. 由赤道向两极的地域分异

由于太阳辐射随纬度不同而发生有规律的变化，导致地球表面热量由赤道向两极逐渐变少，因而产生地球表面的热量分带：热带、亚热带、温带和寒带。由于这些热量带平行于纬线呈东西向分布，并且随着纬度的高低呈南北向的交替变化，故也称之为纬度地带性。热带分布在赤道附近及其两侧，是地球上最热的地带；亚热带分布在热带两侧的低纬度地区，南半球的亚热带叫做南亚热带，北半球的亚热带叫做北亚热带；温带分布在亚热带两侧、中纬度地区，南、北半球各有一个温带，分别叫做南温带和北温带；寒带分布在高纬度地区，是地球上最寒冷的地带，位于南半球的寒带叫做南寒带，位于北半球的寒带叫做北寒带。由上可知，实际上地球上的热量带有七个，即热带、南亚热带、北亚热带、南温带、北温带、南寒带、北寒带。由于热量的不同，导致了各个地带的地表环境不同。

2. 由沿海向内陆的地域分异

全球陆地降水量的89%来自海洋湿润气团，而海陆间的水交换强度越深入内陆越弱，因此导致了大部分大陆上的干湿度，由海岸线附近向大陆内部发生规律性的变化：沿海地带比较湿润，向内陆逐渐变干燥。简言之，由于海陆分布导致的干湿度由海向陆的带状分布规律，也称为干湿度分带性。干湿度分带往往平行于海岸线分布。由于大陆东西两侧海岸线比较长也比较完整，导致干湿度分带近似呈南北延伸、东西演替，由于干湿度分带性的存在，导致了植被、土壤等也同样具有平行于海岸线的分带性。干湿度分带性是大陆尺度的地域分异规律，在宽广的大陆上，尤其是季风大陆区，比较明显。我国的干湿度分带性非常明显，从东南沿海到西北内陆，随着离海岸距离的增加，降水逐渐减少。由于降水的分带性，导致了植被、土壤也呈现出类似的分带性。植被由沿海地区的森林向陆地逐渐变为森林草原、草原、荒漠。陆地环境也就存在着明显的由沿海向内陆的地域分异性，中纬度地区表现最明显。

3. 山地垂直地域分异

随着海拔高度的增大，气温逐渐降低，降水也呈现出一定的变化，因而导致了气候、植被、土壤和自然景观呈现出垂直方向上的带状分布与变化，这就是山地垂直地域分异，也叫做垂直带性（图5.12）。简言之，垂直带性就是自然景观随海拔高度而呈现出的带状分布与变化规律。垂直带性出现在山区或高原边缘，是地区尺度（中尺度）的地域分异规律。只要山地有足够的高度、相对高差足够的大，就可以自下而上形成一系列垂直自然带。最下面的一个带叫做基带，所有垂直带的有规律排列，叫做垂直带谱。山地垂直带谱的特征取决于山地所在的水平地带与山地的高度、走向等特征。山地所在的水平地带就是山地垂直带谱的基带。从赤道到极地，从沿海到内陆，基带不同则决定了垂直带谱的不同。

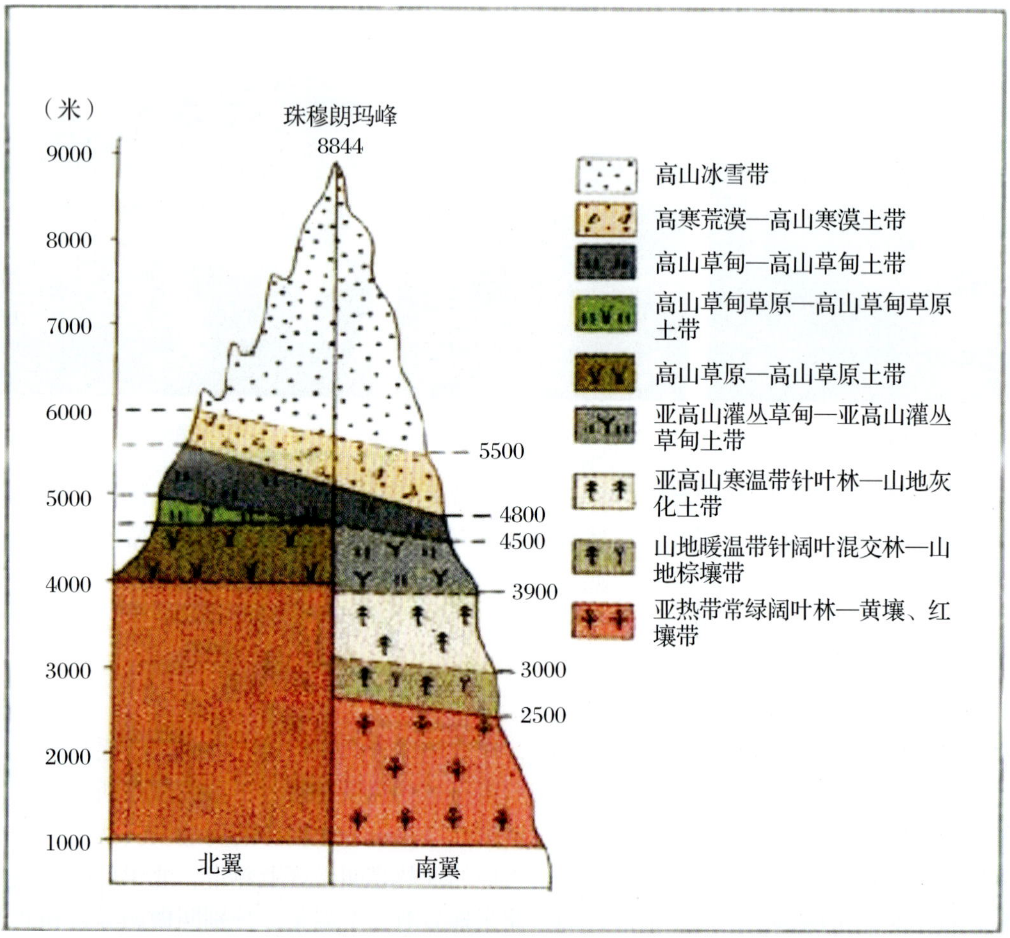

图5.12 垂直带性分异

在足够的降水条件下，纬度越低、海拔高度与相对高差越大，垂直带数越多，垂直带谱越完整；反之，纬度越高、海拔高度与相对高差越小，垂直带数越少，垂直带谱越不完整。如果一座足够高的山地位于水充足的赤道地区，那么这座山上将会出现一个完整的类似于从赤道到极地排列的自然景观带谱。表现在植被上，将会依次出现热带雨林、常绿阔叶林、常绿阔叶与落叶阔叶混交林、落叶阔叶林、针阔叶混交林、针叶林、高山灌丛、高山草甸、高山冰雪冻土带。在干旱地区，由于水的缺乏，垂直带谱往往不明显。在山地的迎风坡与背风坡，由于水条件不同，在阳坡与阴坡，由于热量条件不同，导致了同一山地不同的山坡的垂直带谱不同。喜马拉雅山位于亚热带地区，南坡降水量比较丰富，因此南坡出现了比较好的垂直带谱，它的基带为亚热带常绿阔叶林，向上依次为山地暖温带针阔叶混交林带、山地寒温带针叶林带、高山亚寒带灌丛草甸带、高山寒冻草甸垫状植被带、高山寒冻冰碛地衣带和高山冰雪带。而北坡由于受高原地形与降水的影响，其垂直带谱与南坡完全不同。垂直带谱是水平地带性在垂直方向上的变异，但不是水平地带性的克隆。它们之间存在着一定的差异性。

三、非地带性地域分异

地方性气候会引起地表环境的空间分异。例如，湖泊及其周围气温变差比较小，湿度比较大，而向外围气温变差逐步增大，湿度降低。这种现象在干旱区更加明显。在沙漠区的绿洲，空气湿度比较大，风速比较小，温度变差也比较小；但随着离开绿洲距离的增加，空气湿度减小，风速增大，温度变差也增大（图5.13）。

图5.13　沙漠中的绿洲

城市中心的温度比较高、湿度比较小，而由城市中心向外围到郊区，温度逐步降低、湿度也逐渐增大。地貌部位与小气候，同样可以引起地表环境的空间分异。山顶与山坡、谷底与谷坡、阳坡与阴坡、阶地与漫滩、洞内与洞外、扇顶与扇缘，不同的地貌部位具有不同的水分与热量条件，因而形成了不同的环境与景观。在同一地貌部位，由于岩性、土质、排水条件的不同，也会引起地表环境的分异，只不过这是更小尺度的地域分异。

读一读

紫色土

紫色土土层浅薄，通常不到50厘米，超过1米者甚少。一般含碳酸钙，呈中性或微碱性反应。有机质含量低，磷、钾丰富。由于紫色土母岩疏松，易于崩解，矿质养分含量丰富，肥力较高，是中国南方重要旱作土壤之一，除丘陵顶部或陡坡岩坎外，均已开垦种植。因侵蚀和干旱缺水现象时有发生，利用时需修建梯田和蓄水池，开发灌溉水源。开辟肥源以增加土壤有机质和氮的含量，也是提高其生产力的重要措施。

紫红色岩层上发育的土壤。以四川盆地分布最广，在南方诸省盆地中零星分布。紫色土有机质含量为1.0％左右，其发育程度较同地区的红、黄土壤为迟缓，尚不具脱硅富铝化特征，属化学风化微弱的土壤，呈中性至微碱性反应，pH为7.5～8.5，石灰含量随母质而异，盐基饱和度达80%～90%。紫色土矿质养分丰富，在四川盆地的丘陵地区中为较肥沃土壤，其农业利用价值很高。利用中须防止水土流失和注意蓄水灌溉、增施有机肥料、合理轮作等。

练一练

一、填空题

下图是“我国部分地区自然带分布示意图”，读图完成（1）～（4）题。

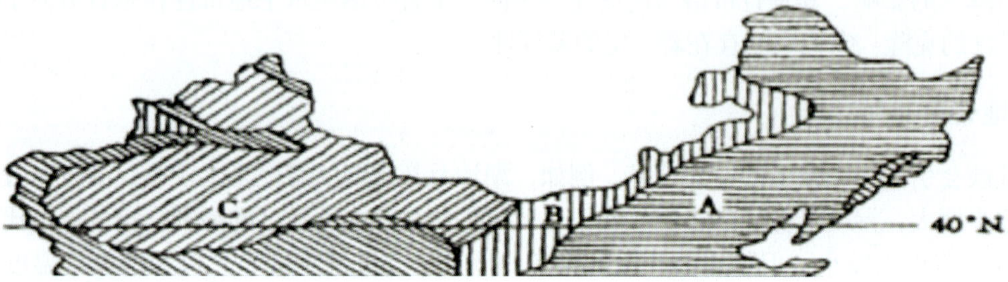

（1）图中字母代表自然带名称是：A.________带，B.________带，C.________带。

（2）自然带沿北纬40°自东向西的分布，体现了自然带的________分布规律。这种分布规律的产生主要受________条件的影响较大。从全球来看，这种分布规律在________纬度地区表现得最典型。

（3）A自然带的气候类型是________气候；B自然带的典型植被类型是________；塑造C自然带地表景观的主要外力是________。

（4）限制C自然带农业生产发展的主要自然因素是________。

二、问答题

了解并说明各自然带的景观及主要动物、植物。

第六章 人口的变迁

第一节 人口数量的变化

一、人口的增长

《2010年世界人口状况报告》预测，到2050年，世界人口将超过90亿，人口过亿的国家将增至17个，印度将取代中国成为世界人口第一大国。目前，世界人口约70亿左右（图6.1）。

读一读

据中国网报道：世界迎来第70亿人口，2011年10月31日凌晨，成为象征性的全球第70亿名成员之一的婴儿在菲律宾首都马尼拉一家医院降生。

人口的增长，主要由出生率和死亡率决定的。出生率减死亡率就是人口自然增长率。

想一想

某地在一年中平均每1000人当中，出生并成活90个婴儿，死亡40人，这个地区的人口出生率为多少？死亡率为多少？这个地区的人口自然增长率是多少？

1. 世界人口增长时间上的差异

世界人口的增长，在不同的历史发展阶段，表现出不同的特点（图6.2）。

农业革命时期，世界人口增长缓慢，工业革命之前世界人口增长率一直很低。而自18世纪后半叶的工业革命开始，世界人口增长明显加快。特别是战后，人口增长率跃上巅峰。随着人口增长率的上升，世界人口规模不断膨胀。

战后世界人口增长急剧加速的直接原因是发展中国家死亡率的迅速下降，同时发达国家经历了十几年的婚育高潮。近100年来，伴随着社会的进步，医疗技术水平的提高和医疗设备的改善，死亡率大大降低。科技的发展，人类对自然环境的开发范围扩大，适应环境的能力不断增强。这些都导致了战后世界人口的急剧增长。

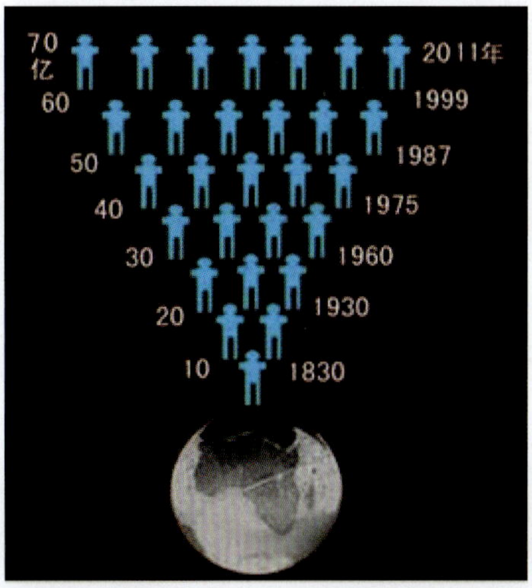

图6.1 世界人口增长示意图

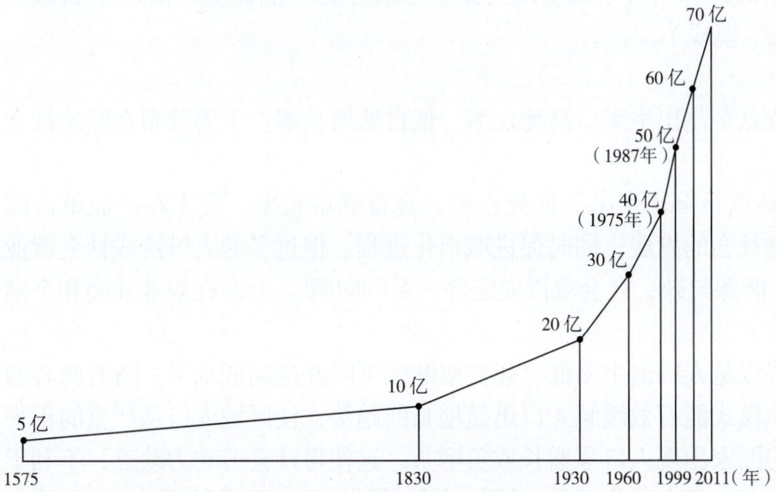

图6.2 世界人口增长示意图

2. 世界人口增长空间上的差异

战后世界人口增长的区域，各洲差异愈益显著，地区上表现出不平衡。

1950—1995年间，在世界人口总增

量中，发展中地区占88.8%，发达地区仅占11.2%。从两类地区人口年增量占世界人口年增量的比例看，差异也巨大。

在世界各大洲中，非洲人口增长一直是最快的，而且在不断加快。相反，欧洲的人口增长率在不断下降，到20世纪末达到零增长，进入21世纪开始负增长。

从国别来看，发展中国家的印度、中国、巴基斯坦、尼日利亚、孟加拉国、印度尼西亚等国每年新增人口占世界新增人口的一半。20世纪70年代以来，像中国等许多发展中国家实施了计划生育等控制人口增长的措施，世界人口增长趋于缓慢。

练一练

选择题

1. 1999年10月12日被联合国定为（　）

A. 50亿人口日　B. 60亿人口日　C. 70亿人口日　D. 80亿人口日

2. 下列不属于人口增长模式指标的是（　）

A. 人口出生率　B. 人口死亡率　C. 人口自然增长率　D. 人口生育率

3. 下列关于世界人口自然增长的说法，正确的是（　）

A. 变化的总趋势是不断增长的　B. 不同历史时期，人口数量增长特点相同

C. 19世纪以来是世界人口增长的快速时期　D. 世界人口增长在地区上是平衡的

4. 右图为三个区域的人口统计图。读图完成（1）~（2）题。

（1）如果a、b、c分别代表三个国家，下列对应正确的是（　）

A. a——德国　B. b——肯尼亚

C. c——印度　D. b——日本

（2）造成c区域人口自然增长率低的原因是（　）

①经济发展水平较高　②国家强制性的政策　③医疗卫生水平落后　④人们的生育意愿较低

A. ①②　B. ②③

C. ①④　D. ②④

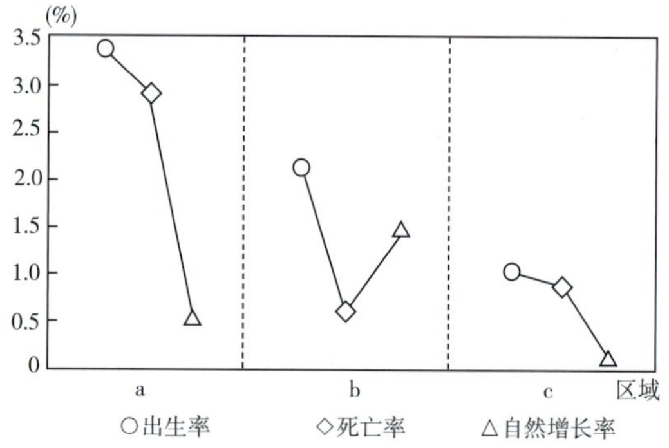

二、人口增长模式

1. 人口增长模式的概念及类型

人口增长模式是由人口出生率、死亡率和自然增长率三个变量共同构成。按不同的历史发展时期划分，人口的出生率、死亡率和自然增长率的世界人口增长模式主要分为原始型(“高高低”模式)、传统型（“高低高”模式）和现代型（“低低低”模式）。

2. 人口增长模式的特点及分布

原始型即“高高低”模式，其基本特点是高出生率、高死亡率、低自然增长率。主要分布在原始社会和现在个别国家的个别地区。

传统型即“高低高”模式，其基本特点是高出生率、低死亡率、高自然增长率。发生在产业革命以后，增加了社会劳动力和社会财富，促进社会的发展，同时促进城市化进程。但过多的人口造成社会就业压力空前，更导致环境污染，生态破坏，能源紧缺，社会难以安定等一系列问题 。分布在农业社会和个别国家。

现代型即“低低低”模式，其基本特点是人口出生率低、死亡率继续下降并达到低水平。随着两者的差距逐渐减小，自然增长率逐渐降低。该模式能有效缓解人口迅猛增长的趋势，使区域人口从严重的不平衡状态回复到新的基本平衡状态。但有的国家出现人口零增长或负增长，这使得社会劳动力缺乏，不利于产业发展，不利于国家的经济发展；并出现人口老龄化严重，增加社会福利负担，更不利于国家的财政建

设。主要分布在发达国家和少数发展中国家。

3. 人口增长模式的转变

由于世界上不同国家、不同地区经济发展不平衡，加剧了人口增长模式的差异。

世界人口发展的进程表明，人口增长模式应该从原始型逐步过渡到传统型和现代型。

目前，大多数发展中国家虽然死亡率降低，但出生率仍然很高，处于传统型向现代型转变的时期。许多欧洲和北美洲的发达国家的人口增长模式已进入现代型。由于发展中国家人口占世界人口的大多数，因此，世界人口增长模式仍然处在由传统型向现代型过渡阶段。

我国是世界人口大国，和许多发展中国家不一样，中国的人口增长模式很快从过去高生育率、低死亡率、高增长率的“高低高”的模式过渡到目前的低生育率、低死亡率、低增长率的“低低低”的模式，源于中国对人口及时的调控性。而很多发达国家在50年以上，甚至近百年的时间才实现了这个转变。中国政府从1980年开始实行认真积极的计划生育政策，把控制人口的过快增长作为一项基本国策予以贯彻和落实。

练一练

一、选择题

1. 人类历史上第二次生产力大发展后，人口增长的模式是（　）

A. 原始模式　B. 传统模式　C. “高低高”模式　D. “低低低”模式

2. 以下各组国家中，人口增长模式不同的是（　）

A. 阿曼和孟加拉国　B. 巴西和匈牙利　C. 澳大利亚和美国　D. 韩国和新加坡

3. 有关“低低低”人口增长模式的说法正确的是（　）

A. 具有高出生率、高死亡率、低自然增长率的特征

B. 世代更替快

C. 人口年龄结构呈老年型

D. 是第二次生产力大发展的结果

4. 下列叙述正确的是（　）

A. 发达国家的人口自然增长率略有上升，是由老年型人口年龄结构造成的

B. 欧洲各国的人口自然增长率都小于零

C. 日本的人口自然增长率已经降低为负数

D. 非洲一些国家的人口自然增长率超过或接近10%

5. 读右图，完成（1）～（2）题。

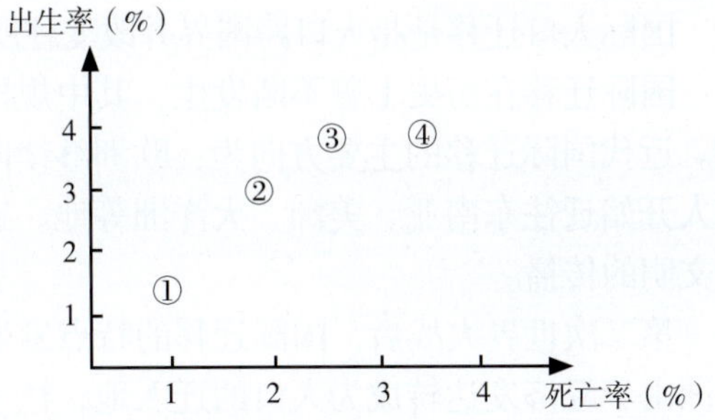

（1）图中①②③④四个地区中，人口增长类型与美国相同的地区是（　）

A. ①　B. ②

C. ③　D. ④

（2）图中④地的人口增长模式类型属于（　）

A. “三低”模式　B. “高低高”模式

C. 传统人口增长模式　D. 原始人口增长模式

6. 右图表示除南极洲外的六大洲人口占世界总人口的比例。读图完成（1）～（2）题。

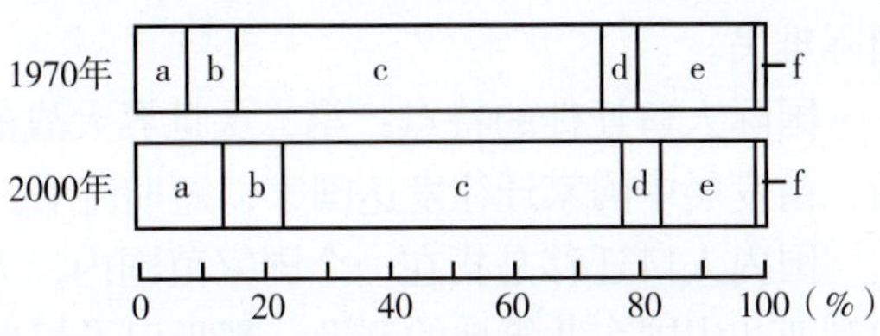

（1）人口增长最快的大洲是（　）

A. a　B. b

C. c　D. d

（2）e大洲的人口问题主要表现在（　）

A. 人口增长过快，人均资源不足

B. 人口素质低，缺乏环保意识

C. 人口老龄化，劳动力不足

D. 女性比例小，人口生育率低

7. 右图是“某国人口自然增长率随时间变化示意图”，读图完成（1）~（2）题。

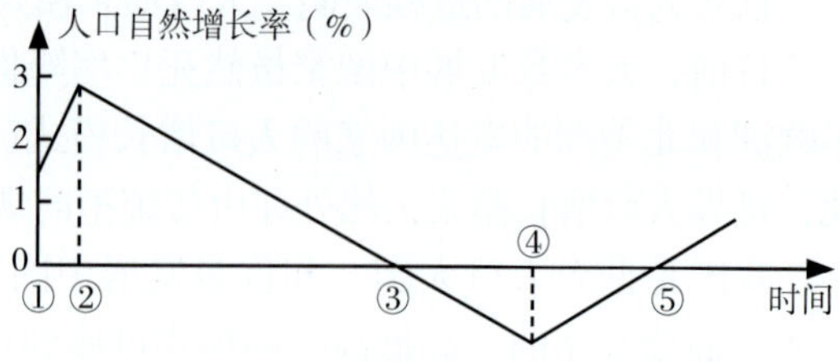

（1）关于该国人口特征的叙述，正确的是（　）

A. ①时期人口出生率最高

B. ②~③期间，人口总数不断增加

C. ④时期人口变化幅度最小，人口总数稳定

D. ③与⑤时期相比，人口总数一定相等

（2）目前人口增长特点与②时期相符合的国家是（　）

A. 尼日利亚　　　B. 韩国

C. 澳大利亚　　　D. 美国

二、问答题

右图为“人口增长模式及其转变示意图”，读图回答以下问题。

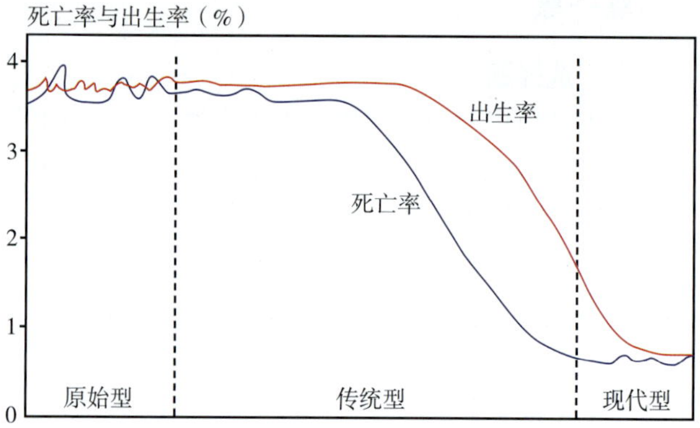

（1）分析人口增长模式三个变量的关系，说明三种人口增长模式的基本特点。

（2）分析世界人口时间上和空间上存在差异的原因。

（3）为什么大多数发展中国家人口增长模式未实现现代型，而发达国家已进入现代型？

第二节　人口的迁移

一、人口的迁移

人口迁移一般指的是人口在两个地区之间的空间移动，这种移动通常涉及人口居住地由迁出地向迁入地的永久性或长期性的改变。人口迁移可分为国际人口迁移和国内人口迁移。

1. 世界人口的迁移

国际人口迁移是指人口跨国界并改变住所达到一定时间（通常为1年）的迁移活动。

国际迁移在历史上曾不断发生，其中规模最大的是15世纪地理大发现以来从旧大陆向新大陆的迁移高潮。近代国际迁移的主要方向为：欧洲继续向新大陆迁移；非洲黑奴被迫贩往美洲；中国人、日本人、印度人开始迁往东南亚、美洲、大洋洲等地。这些迁移不仅开发了新大陆，也改变了人种的分布，促进了工业文明的传播。

第二次世界大战后，国际迁移的特点发生了变化：由发展中国家迁往发达国家的外籍工人越来越多；欧洲由于经济发达转成为人口的迁入地；拉丁美洲由人口迁入地变成人口迁出地，大量人口流入美国、欧洲等发达国家；西亚和北非的石油输出国也吸引了大批外籍工人；因区域性政治冲突频频爆发而不断产生国际难民。

国际人口迁徙的特点：第二次世界大战前，由旧大陆迁往新大陆，集团性、大批量；第二次世界大战后，由发展中国家迁往发达国家，短期流动。

国内人口迁移是指在一个国家范围内，人口从一个地区向另一个地区移居的现象。近代美国西部、西伯利亚和中国东北等地的开发，都吸引了相当规模的移民并持续了一段时间。

2. 中国人口的迁移

从新中国成立后到20世纪80年代中期，受国家政策影响，这一时期，由于实行计划经济和严格的户籍管理制度的束缚，人口迁移表现为规模小、频率低。由于支援新开发工业基地建设和垦荒支援边疆建设农林牧业新基地等原因，从迁移方向上看：从东部地区迁往西北、东北。20世纪80年代中期后，受改革开放政策的影响，人口迁移表现为自发迁移。迁移方向为内陆到沿海、山区到平原、贫困地区到发达地区。

读一读

“民工潮”在中国

中国市场经济从无到有、从小到大的发展历程对其国内方方面面甚至对国际社会都产生了极为重大的影响，造就了许多有目共睹、意义深远的变化。其中最为明显的一个变化应该算是不计其数的暂住人口在全中国范围内穿梭于城市与乡村之间的大流动了。

这种迁徙于城乡之间的暂住人口在不同时期、不同地区被称为“流动人口”、“民工潮”或“外来工”。 据估计，像这样永久居住地在农村但通常在城市打工的流动人口全中国约有7000万到1亿人。

流动人口中男性和女性各司其职，就业取向有所不同。男性民工主要集中在中国的建筑业及相关行业中，他们已成为中国建筑工程建设的主力军；除了建筑业之外，男性民工也从事一些小规模的零售业活动。女民工是中国纺织业的主力，在经济特区制造业中扮演着主角。另外，她们还活跃在餐饮、娱乐等服务性行业中。

大量农村的富余劳动力转移到城市，为当地工业的发展提供了充足、廉价的劳动力，降低了生产成本，提高了产品在市场上的竞争能力。民工的到来，给当地的市民生活带来了极大的方便，促进了城市经济的正常有序发展。就农民自身而然， 提高了农民的非农业收入 ，许多农民进城后，接受了城市的新事物、新观念、新技术，开阔了视野，启发了农民的思维，提高了农民的素质。许多农民用市场的观念指导农村的生产，他们把农产品进行深加工，提高其附加值，为农业逐步走向专业化和农工商产业链的形成奠定了基础。农民工进城拉动了城乡经济的发展。

城乡流动人口实际上并不是中国特有的经济现象，长期以来，它在全世界发展中国家中一直是其现代化进程的一个特有经济现象。但在中国出现这种规模如此空前的流动人口却是一个非常新的现象。

二、人口迁移的原因

人口是否从某一地区迁移到另外一个地区，要看迁入区是否有吸引力，而这种吸引力可能因环境或个人价值观的变化而变化。一般认为，人口迁移是人们对特定环境中一系列的自然的、经济的和社会的因素的综合反映。

地区之间自然环境的差异，以及自然环境的变化，对人口迁移有重要的影响。在影响人口迁移的各种自然环境因素中，气候、土壤、水和矿产资源等是最重要的。自然灾害有时也会促发人口的迁移。20世纪80年代非洲撒哈拉地区的大干旱造成成千上万的环境难民。在历史上各个时期，世界各地都出现过因旱涝、地震、火山喷发等自然灾害引起的大规模移民现象。

经济因素对人口迁移的影响是多方面的，其中经济发展、交通和通信、文化教育和婚姻家庭是主要的因素。不论是过去几个世纪具有历史意义的人口向新大陆的迁移，还是如今人口频繁地从欠发达地区向发达地区的迁移，都是为了寻求更多的改善物质生活条件的机会，获得更好的经济待遇，改善个人及家庭的生活。

政治、文化等社会因素对人口迁移有着特殊的影响，其中政策、社会变革、战争和宗教等是重要的影响因素。历史上的两次世界大战和地区性武装冲突都促使人口发生迁移。1947年印巴分治促使上千万穆斯林从印度前往巴基斯坦。

在影响人口迁移的诸多因素中，经济因素往往起主导作用。但是在某种特定的时空条件下，任何一种因素都有可能成为人口迁移的决定性因素。

它的建立要求有高科技人才作支撑，而且有文化素质较高的消费群体。中关村科技园区覆盖了北京市科技、智力、人才和信息资源最密集的区域，园区内有清华大学、北京大学、中国人民大学等高科院校39所，在校大学生约40万人，中国科学院为代表的各级各类的科研机构213家。近年来，中关村科技园管委会致力于园区的基础建设，在硬件建设环境方面，加大规划和投资力度，在中心区通过多元化投融资方式，加速建设了中关村科技商务中心区，中科院科学城、北大科技园和清华科技园。在发展区重点规划建设了中关村软件园、中关村生命科学园、北大生物城、上地信息产业基地、永丰高新技术产业基地等多个专业化产业基地。为高新技术企业快速发展提供产业化空间，为高科技人才提供科研场所，这就是集聚效应，通过集聚，科技园区逐渐形成。

不同类型的土地利用在城市里的集中，就形成了不同的功能区。各功能区间无明显界限，一种功能区往往以一种土地利用方式为主，其他土地利用方式伴随其中。例如，工业区里也有商店，商业区里也有绿地等（图7.1）。

住宅区是城市土地利用方式最基本的一种，在大多数城市，住宅区占据城市空间的50%左右。住宅区一般设置一整套可满足居民日常生活需要的基层专业服务设施和管理机构（图7.2 、图7.3）。

商业区是人们进行商业活动的场所（图7.4）。商业区一般在大城市中心、交通路口、繁华街道两侧、大型公共设施周围。 在大城市和特大城市商业区又划分为中央、区和街等不同层次、规模的商业区。在中央商业区又逐渐形成了中央商务区（简称CBD），其中心为规模较大的银行、保险公司和财务公司组成的金融“核”或金融中心；其外边为规模较大的工业、商业企业的总部或机构；再外边是为这些核心公司及其办公机构提供会计、律师、咨询、广告、经纪、市场顾问等服务的公司（图7.5）。

图7.1　商业区鸟瞰图

图7.2　住宅区设计图

图7.3　住宅区鸟瞰图

图7.4　天津大胡同商业区

工业区是由城市内的工业聚集而形成，具有一定结构和相互联系的工业区域。工业企业专业化程度高，协作性强。工业生产过程对运输有需求，因此工业布局时，需要靠近河流、铁路、公路等交通运输便利的地方。

以上所举的是城市中常见的功能区，许多城市的功能区是非常复杂的，是多种功能区的组合。

图7.5　美国纽约曼哈顿中心商务区

练一练

一、选择题

1. 下列地区，城市地域形态主要以条带式为主的是（　）

A. 华北平原　　B. 成都平原

C. 珠江三角洲　　D. 兰新铁路沿线

2. 关于商业区的说法，正确的是（　）

A. 商业区只分布在城市中心，呈块状分布

B. 中心商务区是城市经济活动最繁忙的地区

C. 商业区是城市内所有商业集中分布的地区，商业区内只有商业活动

D. 便利的交通能吸引大量的消费人口，因此在交通线上都会形成商业

3. 工厂企业寻求近河流、近铁路、近公路的低平地带进行布置，是因为（　）

A. 生产产品种类的需要　　B. 工业生产的产品需要大量的运输

C. 生产工艺中消耗大量能源的需要　　D. 工厂、企业周围环境的需要

4. 城市最广泛的土地利用形式是（　）

A. 商业区功能用地　　B. 住宅区功能用地　　C. 工业区功能用地　　D. 文化区功能用地

5. 下列关于城市住宅区的叙述，正确的是（　）

A. 低级住宅区往往与工业区相联系的，高级住宅区则与文化区相联系

B. 在位置上高级住宅区与低级住宅区是相邻发展的

C. 形成分化在工业革命以前已经出现

D. 高级住宅区往往与低地相联系的，低级住宅区则与高坡相联系

6. 关于上海闵行卫星城建设的叙述，正确的是（　）

A. 使上海市居民的工作地点接近居住地，方便上下班

B. 疏散了上海市城区过密的人口和工业

C. 属于在上海市比较近的交通干线上兴建的卫星城

D. 使得一些职工的工作地点和居住地发生分离，他们在卫星城上班，却生活在市区的居民点里

7. 下列关于商业区的叙述，正确的是（　）

A. 商业区只分布在城市中心，呈块状分布

B. 商业区的区位需求是要有便捷的交通，故在交通干线上都形成了商业区

C. 商业区对交通通达性的要求最高

D. 商业区只是从事商品交流的中心

8. 下列关于中心商务区特征的叙述，错误的是（　）

A. 城市经济活动最为繁忙的地方

B. 区内的建筑物在市区往往是最高的

C. 人口数量的昼夜差别很大

D. 中心商务区的零售活动，在水平方向上位于最中心，垂直方向上多在较高层

9. 右图为“某城市2001—2020年总体规划示意图”，城市四大片区各自组织自己的功能区。据此完成（1）~（2）题。

（1）到2020年该城市的地域形态可能是（　）

A. 集中式　　B. 组团式

C. 条带式　　D. 放射状

（2）关于城市形态的叙述，正确的是（　）

A. 城市地域形态受城市规划的影响，与所处地理环境关系不大

B. 山区的城市形态受地形、地貌的限制，不同地区差别不大

C. 山区城市用地比较集中，往往形成集中发展的城市形态

D. 沿河谷发展的城市往往形成条带状的格局

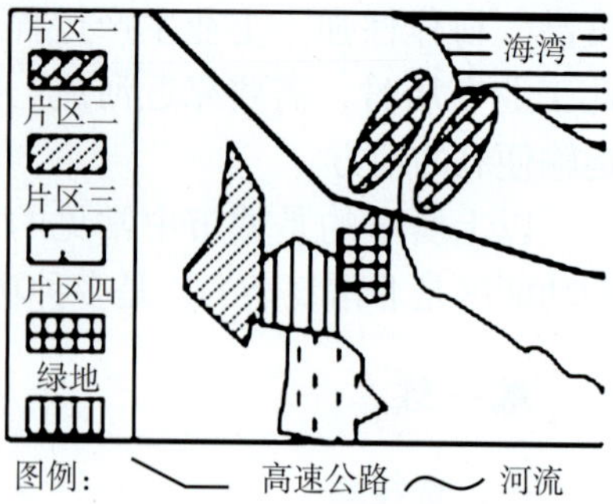

二、材料题

材料：纽约市内约有1/4的人口是国外移民的后裔，主要有爱尔兰人、意大利人、犹太人和波多黎各人，此外还有中国人、古巴人、德国人、希腊人和波兰人等。

相同种族的居民常聚居在一起，形成少数民族区。住在同一个少数民族区内的居民文化背景相同，有着共同的语言和宗教信仰，他们居住在一起可以减少感情上的隔膜，获得社会安全感。在纽约市内，意大利人聚居在小意大利区，中国人聚居在唐人街。在唐人街里，有中国式的牌楼、货摊、餐馆，能买到各式中国商品甚至中文报纸和书籍，每逢春节等中国的传统节日，还会燃放鞭炮，举办舞狮活动等，整个唐人街里充满着中国的特色。

问题：纽约有哪些少数民族居住区？为什么会形成这些少数民族居住区？

三、问答题

找一幅你家乡的城市平面图，看看你家乡所在的城市有哪些功能区？这些功能区是如何分布的？

三、城市地域结构

城市地域结构指各种城市功能分区及其组合所构成的城市内部空间结构。是城市发展过程中由职能分化带动形态分化而形成的结构。不同城市的城市地域结构是不同的。

读一读

城市地域结构模式

20世纪以来城市化进程加速，城市人口大大增长，用地规模不断扩展，城市内部的工业、交通、商业和居住区等布局结构日趋复杂。为了揭示和解释城市成长的规律，各国学者特别是美国学者对城市地域结构作了种种理论概括。归纳起来，主要有如下三种模式。

同心带学说

主要是由芝加哥大学的一些社会学家，特别是E.W.伯吉斯于1925年提出的。伯吉斯通过对美国芝加哥的研究，总结出城市社会人口流动对城市地域分异的五种作用力：向心，专门化，分离，离心，向心性离心。在这些作用力的综合作用下，城市地域产生了地带分异。按照这种理论，一般城市发展的结构形式可划分为五个同心圆形地带。

扇形（楔形）学说

1939年由美国的H.霍伊特提出，他认为城市的发展总是从城市的中心出发，沿着主要的交通干线或沿着阻碍最少的路线向外放射，沿交通线向外伸展的地区又有不同的特点（图7.6）。扇形学说是从许多城市的比较研究中抽象出来的，在研究方法上比同心圆学说进了一步。但这种学说仍没有脱离城市地域的圈层概念，其最大的缺陷是依靠房租单一指标来概括城市地域的发展运动，忽视了其他因素。

多核心学说

1945年由芝加哥大学著名地理学家C.D.哈里斯和E.L.厄尔曼提出。根据作者分析，大部分人口50万以

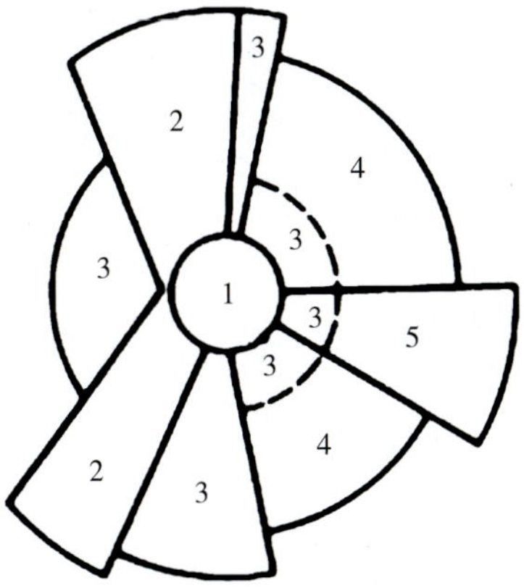

图7.6　扇形城市地域结构

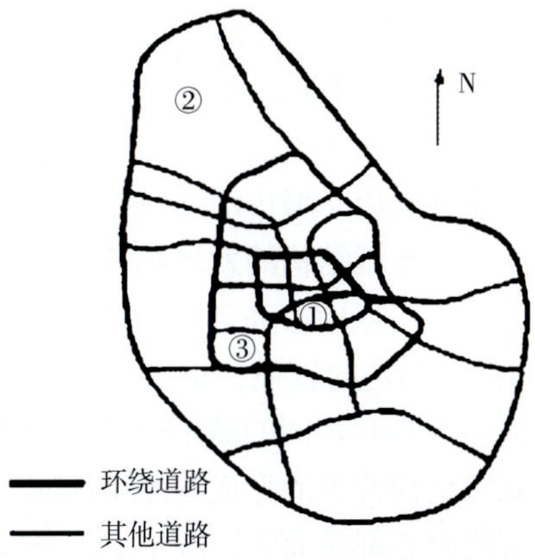

图7.7　多核心城市地域结构

上的美国大都市都可分为：中心商业区、批发商业和轻工业区、重工业区、住宅区和近郊区，还有一些相对独立的卫星城镇（图7.7）。

以上三种理论都反映了城市发展和内部结构中的两种彼此矛盾的趋向，即城市的离心倾向和向心倾向，但用来指导实践有一定的局限性。此外，还有将这三种学说互相综合的折中学说和三地带学说，等等。

1. 影响城市地域结构的因素

影响城市地域结构有多种因素，其中经济因素是影响地域结构的主要因素。在城市有限的土地，适合哪种功能区，主要取决于功能区付出租金的高低。直接影响地租高低的因素是距离市中心的远近和通达度（图7.8）。

另外，社会因素中对住宅分化的影响最为明显。收入是形成不同级别住宅区的常见原因，知名度和宗教信仰对住宅的选择也有很大影响。种族或宗教团体常会形成聚居区，在欧洲和北美表现尤其明显。

行政因素中政府采取行政手段制定政策和城市规划，干预城市经济的发展，引导和划定不同的功能区。

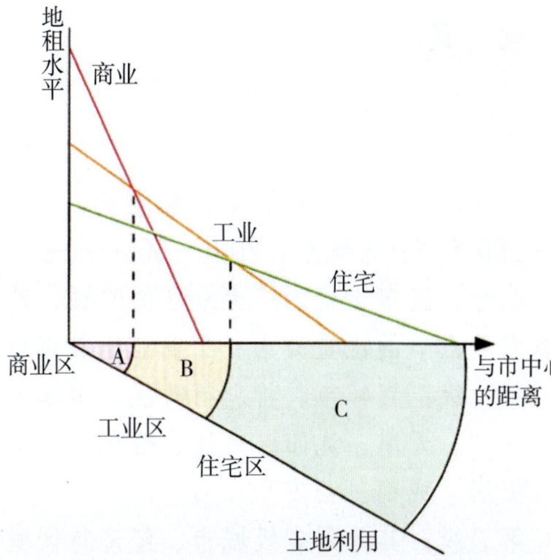

图7.8　各类土地利用付租能力随距离递减示意

2. 城市地域结构的发展

城市地域结构的形成经历了一个长期的历史过程，在不同的社会和经济制度下，城市地域结构有不同的特点：

封建社会阶段：突出了以统治权力为中心，但中西方的统治权力有所不同，表现在地域结构也不相同。如欧洲5—16世纪的统治权力是宗教，城市围绕教堂布局；在中国的统治权力是皇权，那时候的城市都围绕着皇宫或县府衙门布局。

资本主义市场经济阶段：从18世纪下半叶开始，西方进入资本主义市场经济阶段，统治权力的影响减弱，各功能区主要是根据经济竞争力来确定其在城市中的位置。城市的地域结构均表现出以中心商务区为核心，不同阶层有不同的住宅区。同心圆模式、扇形模式、多核心模式所反映的就是这一时期城市地域结构的特点。

未来的后工业化社会阶段：这一阶段将讲究以人居为中心。城市的功能分区以提高人们生活基本质量以及实现人与自然环境协调相处为目标。有的学者设想将来的城市是“田园城市”，市中心为清洁、优雅的圆形花园，四周建有市政厅、音乐厅、图书馆、博物馆、医院等公共设施，外围为居住区，工业区设在城市边缘。

总之，城市地域结构的模式不尽相同，各有其特点，我们应辩证地看待，不能死搬硬套，对未来城市的发展趋势，应以人为中心，建设城市的可持续发展。

练一练

选择题

1. 下列在不同历史条件下，城市地域结构的发展特点的叙述，错误的是（ ）

A. 封建社会，城市的地域结构主要服从于统治权力的需要

B. 进入工业社会后，城市的地域结构主要由资本和市场来决定

C. 未来城市的地域结构的发展趋势是以人为中心

D. “花园城市”以中心商务区为核心，外围为居住区和工业区

2. 有关城市地域结构的叙述，正确的是（ ）

A. 不同的城市具有相同的城市地域结构特点

B. 城市地域结构特点的形成与城市性质、城市发展历史有关，与自然环境无关

C. 大城市的中心都是商业区或中心商务区

D. 因为受历史因素和城市性质的影响，现代北京市中心不是商务区而是重要行政区

四、城市的等级划分

1. 城市的等级划分

城市等级划分主要依据城市的人口规模。但是不同的国家，由于疆域、人口、经济发展程度以及城市化水平不同，对城市人口规模、等级划分是不同的。一般从小到大分为集镇、城市、大城市、特大城市。

读一读

我国城市等级的划分

我国的城市按市区和郊区非农业人口的规模大小，分为四类：人口100万以上——特大城市；人口50万～100万——大城市；20万～50万——中等城市；小于20万——小城市。

此外，遍布于我国广大地区的县城、建制镇、工矿区，虽然人口未能达到设市建制的标准，但是，由于非农业人口的比重较大，工商业比较集中，也属于城市范畴的一种城镇型居民点。

第一级：直辖市、特别行政区、市区人口大于200万的城市。

北京、天津、沈阳、大连、哈尔滨、济南、青岛、南京、上海、杭州、武汉、广州、深圳、香港、澳门、重庆、成都、西安

第二级：其他副省级城市、经济特区城市、省会、苏锡二市。

石家庄、长春、呼和浩特、太原、郑州、合肥、无锡、苏州、宁波、福州、厦门、南昌、长沙、汕头、珠海、海口、三亚、南宁、贵阳、昆明、拉萨、兰州、西宁、银川、乌鲁木齐

第三级：14沿海开放城市之一、经济发达且收入高的城市。

唐山、秦皇岛、淄博、烟台、威海、徐州、连云港、南通、镇江、常州、嘉兴、金华、绍兴、台州、温州、泉州、东莞、惠州、佛山、中山、江门、湛江、北海、桂林

第四级：其他人口大于100万的城市、重点经济城市。

邯郸、鞍山、抚顺、吉林、齐齐哈尔、大庆、包头、大同、洛阳、潍坊、芜湖、扬州、湖州、舟山、漳州、株洲、潮州、柳州

第五级：其他著名经济城市、重要交通枢纽城市——人口大于50万、重点旅游城市。

承德、保定、丹东、开封、安阳、泰安、日照、蚌埠、黄山、泰州、莆田、南平、九江、宜昌、襄樊、岳阳、肇庆、乐山、绵阳、丽江、延安、咸阳、宝鸡

以上城市共有108个，其他城市均为第六级。

2. 城市服务范围

城市作为区域的中心，集中了大量不同的企业和机构，为区域提供各种产品和服务，吸引着区域内的

居民到城市来购物、就医、上学或寻求其他服务。如果把顾客来源点画在图上，就可以大致画出这个城市的服务范围。一个城市的服务范围除了城市本身外，还包括这个城市附近的小城镇和广大的农村地区。任何一个城市都有其一定的服务范围，但这个范围不固定，也没有明确的界限，可能会有一些顾客来自服务范围以外。

不同等级城市满足周围人们需求的服务种类和服务质量是不一样的，服务范围大小也是不一样的；同时某地的人们去不同等级的城市次数也是不同的。小城市提供的服务种类少、级别低，服务范围比较小；大城市提供的服务种类多、级别高，服务范围相对较大。

读一读

我们知道大庆市在新中国成立之前还是个小城市，但当它被专家确认它的底下有石油并被开发出来后，大庆就得到了蓬勃的发展。这些像大庆一样依靠资源发展起来的城市，说明了有丰富的资源条件支撑，也可以提升城市等级和服务范围。

城市等级的提升和服务范围的扩大是社会、经济发展到一定阶段的产物，优越的地理位置、发达的交通或丰富的资源条件支撑只是提供了条件，而不是决定因素，并不是每个城市都能逐渐提升其等级的。

3. 城市等级体系

我们知道城市的服务种类、服务范围是与城市的等级相对应的。在同一个区域中，城市的空间分布也与城市的等级密切相关。这些不同级别的城市空间组合，就构成了一个地区的城市等级体系。

不同等级的城市数目和相互距离是不同的：等级较高的城市数目较少，等级较低的城市数目较多；等级较高的城市相距较远，等级较低的城市相距较近。

在每一个高等级的城市周围总是分布有多个等级较低的城市，或者说等级较高的城市的服务范围包含了多个等级较低的城市的服务范围。就整个区域而言，不同等级城市的服务范围是层层嵌套的。

练一练

一、选择题

1. 关于城市的职能和服务范围，叙述正确的是（　）
   A. 相邻两个城市的服务范围在空间上界限明确
   B. 大城市所具备的职能小城市也都具备
   C. 大城市不仅有小城市所具备的职能，而且也有小城市所没有的职能
   D. 城市的级别越高，数目越多，服务范围越大
2. 有关南京和苏州的叙述，不正确的是（　）
   A. 苏州能提供的服务职能南京一定能提供　　B. 南京能提供的服务职能苏州一定能提供
   C. 苏州的服务范围比南京小　　D. 南京的中心地等级比苏州高
3. 下列关于城市（等级）和城市形态的叙述，正确的是（　）
   A. 每个城市的形态一旦形成，就固定不变
   B. 城市一定是区域的生产中心
   C. 随着交通运输的发展和社会生活的改善，城市形态也会随之发生改变
   D. 城市虽有等级差别的，但不同等级的城市在区域中发挥相同的作用
4. 城市等级的确定，是根据（　）
   A. 城市的人口规模　　B. 城市的用地规模　　C. 城市的服务范围　　D. 综合因素

二、问答题

1. 城市的形态与地理环境有何关系？
2. 城市地域结构有什么特点？这些特点是怎样形成的？
3. 等级不同的城市服务功能有何差异？

第二节　城市化

一、城市化的含义

城市化通常指人口向城市地区聚集和农村地区转变为城市地区的过程。用城市数目、城市人口和用地规模、城市人口在总人口中的比重三个指标来衡量。城市化是社会经济发展的必然结果，是社会进步的表现。一个国家或地区城市化的水平，体现其社会经济发展水平。因为城市是区域发展的经济中心，能带动区域经济发展；而区域经济水平的提高，又促使城市的发展。

从人口迁移来看，推动城市化发展的动力不外乎推力和拉力。推力是指那些使得人群离开乡村的因素，拉力是指那些吸引人群来到城市的因素。由于生产力发展不平衡，在不同地区和同一地区的不同时期，推力和拉力的具体内容可能很不相同，其相互作用结果也不一样（图7.9）。

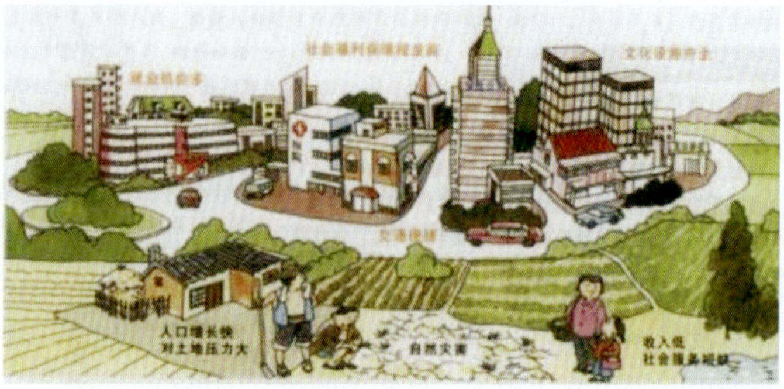

图7.9　城乡人口迁移的驱动力示意图

城市是区域发展的经济中心，能够带动区域经济发展；而区域经济水平的提高，又促进了城市的发展。一个国家或地区的城市化水平，可以用城市人口占总人口的比重来表示，它体现了社会经济发展水平。城市化作为一种影响极其深远的社会现象，给人们不仅带来了聚落形态的变化，还带来生产方式、生活方式、价值观念等巨大变化，它是一个地区社会经济发展的必然结果，是社会进步的表现。

二、城市化发展进程

1. 发达国家的城市化进程

由于经济发展水平和工业化的发展过程长短不一，形成发达国家之间城市化发展时间不一致现象。欧洲国家尤其是英国，城市化进程最早，发展最广泛。当西欧城市化进程发展了很长时间后，美国还是一个乡村国家。在1860—1920年间，美国城市化进程发展迅速，实现了其高度城市化。日本的城市化进程，虽然比一些西方国家晚百余年，由于其城市经济飞速发展，只用了几十年时间，已达到了西方发达国家的城市化水平。在大洋洲国家中，新西兰和澳大利亚两国总人口最多，它们基本反映了该地区的城市化状况。1994年两国城市人口占总人口的比例为80％。

读一读

逆城市化

在近几十年，从20世纪60年代开始，在发达国家城市化进程中，又出现了一种逆城市化的现象，也有人称之为郊区化或反城市化。其主要表现为大城市人口明显减少，人口由中心城市大量向郊区及更远的乡村地区迁移，更多的人口集居在大城市的边缘地带。很多的工业企业也纷纷离开城市，向中小城镇及乡村地区转移，中等城市人口迅速增加，城市化区域不断扩大。逆城市化的主要原因是：首先，由于经济的发展，导致发达国家产业结构发生了重大变化，电子通讯业及交通业的高度发展，使西方发达国家进入信息化社会。另外，由于经济和其他活动大量向城市聚集，造成城市的拥挤和环境的恶化。于是大城市中的富人首先开始离开城区，搬到生活和条件好的郊区。随后中产阶级和大城市中心区一些企业和事业单位也搬到郊区。最后，发达国家人口增长率大幅度下降也是城市人口减少的一个原因。

2. 发展中国家的城市化进程

和发达国家城市化相比，发展中国家起步晚，历史短。由于多数发展中国家都曾为殖民地，18 世纪60年代的产业革命对其影响很小。第二次世界大战之前，发展中国家城市化发展较为缓慢。

在亚洲，和发达国家一样，发展中国家中的城市化进程也显出很大的地区差异。以中国为例，建国后几十年，由于种种原因城市化进程一直非常缓慢。1978 年，中国结束了其计划经济时代，才开始了一条类似美国、德国和英国在18—19世纪所采取的发展道路，城市化步伐随之加快。其他国家，如印度的城市人口大约是28%，越南是20%，马来西亚是56%，土耳其是61%，中亚地区是66%。韩国由于其城市经济的飞速发展，就达到了80%的城市化水平。表现出较大的差异性。在拉丁美洲，和亚洲一样，近二三十年来都保持了相当高的城市人口增长速度。和世界上其他区域相比，非洲的城市化进程要慢了许多。

发展中国家城市化的另一个特点，就是其大城市人口增长速度特别快。在过去的二三十年间，有些发展中国家的大城市平均人口增长率超过4%。 发展中国家城市人口增加速度较快，远远地超过了发达国家的城市化速度，随着进一步的发展，在世界范围内，城市化水平的地区差异将不断缩小。

尽管世界各国城市化发展水平有差异，但是，每一个国家都处于城市化过程的某个阶段上。发达国家进入了城市化的后期成熟阶段，发展中国家则大部分处于初期或中期加速阶段。

练一练

问答题

读右图，回答以下问题。

1. 分析发达国家和发展中国家城市化水平有何差异？城市化快速发展的时间有何不同？

2. 1950年前后，发展中国家和发达国家城市化发展速度有何差异？分析产生差异的原因。

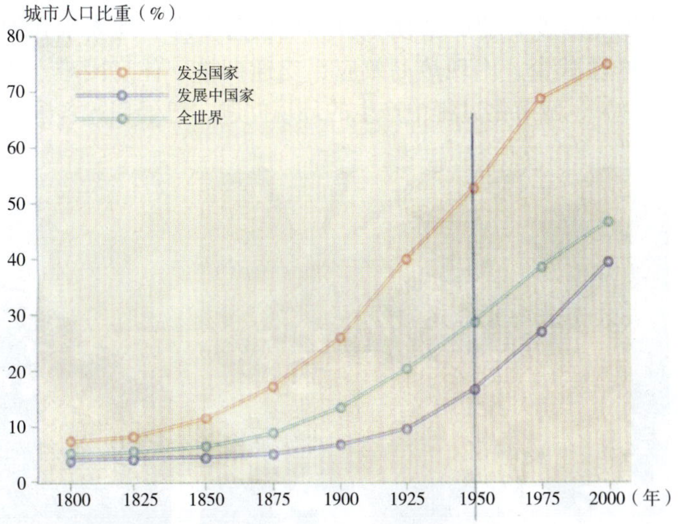

世界城市化水平的提高（1800—2000）

读一读

《中国城市状况报告2010/2011》——聚焦中国城市化

《中国城市状况报告2010/2011》显示：中国2010年的城市化水平已经达到了46.59%，而1978年中国的城市化水平是17.4%，短短的22年，增加了近20个百分点。

从人口意义上看，城市化是农村人口转化为城镇人口的过程；从地理意义上看，城市化则是一个地区的人口在城镇相对集中的过程。快速城市化作为中国经济和社会高速发展的动力，取得了巨大的成就，但同时也带来了一些负面的影响。

“被城市化”问题严重

城市化的真正标志是进城农民有充分的就业和完全的市民权益。但是，我国城市化进程中却出现了土地城市化快于人口城市化的现象。当前，我国城镇化率是47%，而城镇户籍人口占总人口的比例只有约33%。这意味着有13.6%即1.28亿生活在城镇里的人没有真正城市化。许多进城农民并没有成为真正的市民，还有一些农民坐地被城市化，成了“扛锄头的市民”。有学者把这种城市化称作“半城市化”、“浅城市化”。目前统计的6亿城镇人口中，至少有2亿人并没有享受到市民的权利。

一些地方推进城市化的冲动来自于对土地财政的依赖，千方百计把农民土地变为建设用地，一些农民“被上楼”，一些村庄成建制地变为城镇，违法拆迁、暴力拆迁时有发生，农民利益受到严重损害。

城市化不仅是漂亮的外表

城市化是工业化的产物，城市化应当伴随着工业化的进程逐步推进，而不应人为揠苗助长。城市化不仅仅是漂亮的外表，而是要有城市化的内涵，要有充分吸纳就业的能力，否则就只是一种表面的城市化。

城市化进程中的跃进化现象，有两个明显特征：一是土地的城市化快于人口的城市化，二是经营城市的冲动超越经济发展规律。

这种“大跃进”的表现之一，就是盲目地发展城市，不考虑资源环境的承载能力。表现之二，就是重发展轻污染治理，付出了严重的环境代价。表现之三，就是不切实际，贪大求洋。

城市的核心是“市”，城市化的核心是“市场化”

目前的城市化依然强调政府去“抓”，而没有真正依靠市场来“育”。中国的城市化既要政府推动又要市场推动，降低城市发展的非市场成本。这是中国城市化进程中尤其要注意的问题。

未来10～25年是中国城市社会面临的社会整体变迁期，这期间，中国将有5亿～6亿的农业人口转化为城市人口，这将是人类历史上规模最大的社会与地理变迁之一。这一变迁将对中国经济社会的全面发展起到不可估量的推动作用，但城市可持续发展、农民流动、土地合理利用、区域整合、社会阶层变迁、社会公平等问题，将随着城市化的深化，呈现出由小到大，由隐性到显性，由局部到区域发展的态势，而各级政府对相关问题的研究和准备并不充分。

三、城市化与地理环境

随着大量人口涌入城市，城市规模不断扩大，城市人口迅速增加，城市地域日益扩大，土地利用方式发生改变，势必会使城市环境质量下降、地表水和地下水的水质、水量和地下水运动发生变化、生物多样性减少、出现热岛效应、交通拥挤、住房困难、失业人口增多、社会秩序混乱等现象（图7.10～图7.12）。城市化过程中产生的环境问题，已经引起各国的高度重视。针对这些问题，我们采取以下措施。

图7.10 城市拥挤

图7.11 环境污染图

图7.12 住房紧张

1. 控制城市规模

控制大城市规模，合理发展中小城市，在大城市周边建立卫星城。例如，伦敦附近有8座卫星城；东京附近20世纪80年代，建设了7座卫星城。上海20世纪50年代就开始修建卫星城，1990年建立浦东新区，目前这里已成为上海新的金融中心、工业中心和居住区。

2. 改善城市交通和居住条件

3. 保护和治理城市环境

开展大气、河流、噪声等多方面治理工作，加强管理，合理进行城市规划布局。扩大城市绿化面积，保持生物多样性，维护生态平衡。

练一练

一、选择题

1. 2010年5月1日—10月31日，为期184天的世博会在中国上海举行，其主题是“城市，让生活更美好”。到2010年，全球总人口有55%居住于城市，城市将成为21世纪人类最关注的环境之一。据此完成（1）～（2）题。

（1）下列有关对“城市，让生活更美好”的理解，正确的是（　　）

A. 城市化是一个地区社会经济发展的必然结果，是社会进步的表现

B. 城市化不会对地理环境造成不利影响

C. 城市化进程越快越好

D. 逆城市化的出现是社会的倒退

（2）2010年，全球总人口有55%居住于城市，说明（　　）

A. 发展中国家与发达国家城市化的差异消失

B. 全球中55%居住于城市的人口，主要是指发达国家的人口

C. 发展中国家城市化进程进入城市化的后期阶段

D. 说明世界城市化水平大大提高

2. 有关目前世界城市进程的阐述，正确的是（　　）

A. 发达国家城市人口比重大、增长快　　B. 发达国家城市人口比重大、增长慢

C. 发展中国家城市人口比重小、增长慢　　D. 发展中国家城市人口比重大、增长快

3. 发达国家出现逆城市化现象，说明了（　　）

A. 城市内环境质量相对下降，人们对环境质量要求降低

B. 乡村地区和小城镇基础设施建设日趋完善

C. 大城市中心区萎缩，城市人口比重迅速下降

D. 大城市经济发展停滞

4. 上海市提出限制新建楼房高度的规定，其目的是解决城市环境问题中的（　　）

A. 城市住房紧张　　B. 城市热岛效应

C. 城市水体污染　　D. 城市生物多样性的减少

5. 对城市交通民警危害最大的污染物是（　　）

A. 煤烟、粉尘　　B. 工业废水　　C. 碳氧化合物和氮氧化合物　　D. 酸雨

6. 右图为“某区域城市化战略设想图”。读图并结合相关知识，完成（1）~（2）题。

（1）关于该区域城乡人口变化，下列叙述正确的是（　　）

A. 2020—2030年乡村人口都转移到了郊区

B. 2040年郊区人口超过乡村人口

C. 2050年乡村人口只占30%

D. 2050年中心城区人口数量与2000年相等

（2）关于该区域城市化水平，下列叙述正确的是（　　）

A. 2010年约为50%

B. 2020年以后趋于降低

C. 2030年超过80%

D. 2040年以后保持稳定

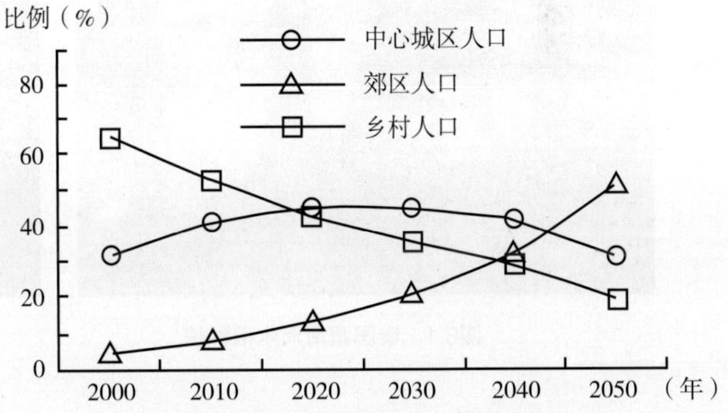

注：城市人口=中心城区人口+郊区人口

二、问答题

1. 发展中国家和发达国家城市化有何不同?

2. 结合身边实际，说说城市化带来哪些环境问题。

第八章　农业地域

第一节　影响农业区位选择的因素

农业是指人类利用土地的自然生产力，栽培植物或饲养动物，以获得所需产品的农业生产活动，由此可以看出，农业生产的基础是土地具有自然生产力，而生产对象是动植物的生长繁殖，动植物的生长繁殖与自然条件密切相关，因而热量、光照、水、地形、土壤等自然环境成为影响农业的重要因素。随着社会生产力的发展和经济水平的提高，社会环境对农业的影响越来越大。

农业地域的形成，体现了农业生产与自然环境、社会环境的相互关系。

一、影响农业区位选择的因素

读图8.1、图8.2，两幅图展示了两种完全不同的农业景观：泰国湄南河平原的一片水田，澳大利亚东南部的一个牧场。农业在湄南河平原和澳大利亚东南部这两个区位的不同选择，是多种因素共同作用的结果。农业的区位有两层含义：一是指农业生产所选定的地理位置，例如，泰国的水稻种植业分布在湄南河平原等地，澳大利亚的牧羊业分布在东南部等地；二是指农业与地理环境（包括自然环境与社会环境）各

图8.1　泰国湄南河水稻种植

图8.2　澳大利亚牧场

因素的相互关系，这些因素就是农业的区位因素。

影响农业的区位因素主要有两类：一是自然条件，有气候、地形、土壤等；二是社会经济条件，有市场、交通运输、政府、科技等。农业的区位选择，实质就是对农业土地的合理利用（图8.3）。

1. 自然条件对农业区位的影响

（1）气候。热量、光照、降水气候因素对农业区位的影响极大。不同动植物的生长发育要求不同的气候条件，而气候条件的分布具有明显的地域差异。因此，一个地区农业的选择，应充分考虑当地的气候因素，它直

图8.3　影响农业区位选择的主要因素

接影响农作物的种类分布及复种制度。

（2）地形。不同的地形区，适宜发展不同类型的农业。平原地区地势平坦，土层深厚，适宜发展耕作业；山地耕作不便，且不易于水土保持，不适宜发展种植业，但适宜发展畜牧业。

（3）土壤。土壤是作物生长的物质基础，不同的土壤种类，适宜生长不同的作物。例如，我国的东南丘陵广泛分布着酸性的红壤，就适宜种植茶树等。

自然因素对农业区位的影响并非都是决定性的，但在一般情况下，一个地区的自然因素可以看做是相对不变的，而农业生产的社会经济条件则处于不断的发展变化中。对自然因素的改造可以通过扩大农作物的区位、培育良种、改良耕作制度、改造自然因素或地形等方式实现。对自然因素进行改造，要根据当时当地的社会经济条件，并充分考虑到投入和产出比。

2. 社会经济条件对农业区位的影响

（1）市场。农业产品要到市场上销售，才能实现价值，因此，市场的需求量最终决定了商品农业生产类型和规模。2008年的金融危机，对我国农业部门中的农产品出口加工工业影响更明显。

（2）交通运输。农业选择必须充分考虑当地的交通运输条件。园艺业、乳畜业等，由于其产品容易腐烂变质，要求有方便而快捷的交通运输条件，以维持其产品新鲜上市。

（3）政府。世界各国的农业，都要受到国家政策及政府干预手段的影响。例如，我国从20世纪80年代以来，政府积极建设商品性农业基地，数次调节农产品的国家收购价格等，对我国农业生产的区位产生深远的影响。

这些因素的发展变化，主要是市场、交通运输的变化对农业区位的影响最为突出。

练一练

一、选择题

1. 三江平原沼泽地与黄淮平原盐碱地发展种植业须改造的共同自然因素是（ ）

A. 地形　　B. 土壤　　C. 气候　　D. 热量

2. 右图为某种农产品生产和销售的一般过程。据此完成（1）～（2）题。

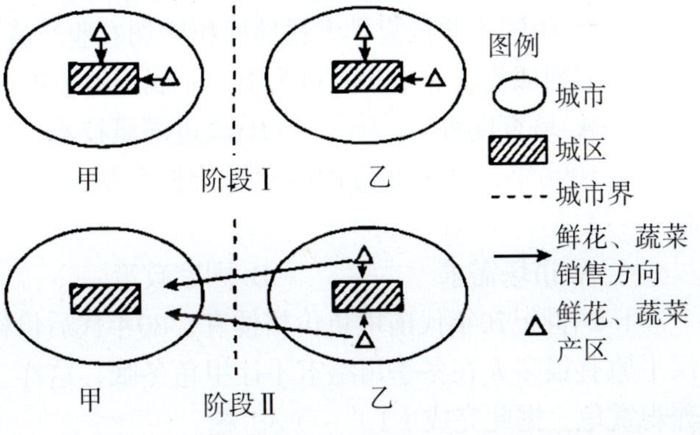

（1）阶段Ⅰ鲜花和蔬菜产出形成的主要区位因素、阶段Ⅱ鲜花和蔬菜产出的区位变化原因组合正确的是（ ）

A. 地形平坦，城市规模大

B. 市场区位，交通运输便捷

C. 气候优越，城市居民收入提高

D. 水源充足，国际市场需求扩大

（2）若甲城市为纽约，乙城市位于中美洲，则阶段Ⅱ运输量大的季节是纽约的（ ）

A. 春季　B. 夏季　C. 秋季　D. 冬季

3. 下列农业区位选择的主导因素，符合实际的是（ ）

A. 上海郊区的乳牛场——市场　　B. 珠江三角洲的双季稻——水源

C. 河套平原的小麦——光照　　D. 东北的甜菜——土壤

二、分析题

1. 分析下列地区农业生产主要需要改进哪些因素，并说明改造的原因。

（1）河西走廊　（2）三江平原沼泽地　（3）东南丘陵　（4）沿海围垦的滩涂

2. 1998年某省某县大葱获得丰收，丰收后的该县出现了供大于求的局面，为此政府出资在电视上播出了该县大葱的广告，该县成了全国大葱的集散地，价格也一路上涨。后来，该县的大葱信息还上了互联网。1999年该县大葱种植面积增加了10万多亩，出现了供不应求的局面。试分析这一现象的产生原因。

二、农业地域类型

农业地域是指在一定的地域和一定的历史发展阶段，在社会、经济、科技、文化和自然条件的综合作用下，形成的农业生产地区。农业地域是因地制宜发展农业、合理利用农业地的结果。

同一农业地域内，农业生产的条件、结构、经营方式等具有相同特征。由于动植物的不同地域分布，以及自然条件、社会经济条件的地域差异，世界上形成了多种农业地域类型。

读一读

混合农业

混合农业有多种模式。世界上最主要的混合农业是将饲养牲畜和谷物种植有机结合起来的谷物和牲畜的混合模式。这种类型的混合农业，主要是分布在欧洲、北美、南非、澳大利亚以及新西兰等地。种植的作物主要是小麦、玉米等谷物以及牧草和饲料作物，饲养的牲畜主要是牛、猪、羊等。我国广大的农耕区在生产谷物的同时，也在饲养猪、羊、兔以及各种家禽。由于饲养家禽、家畜只作为副业的形式存在，且大多数形成不了规模，因此，我国农耕区的家禽、家畜饲养与农业发达国家的谷物生产和牲畜饲养混合的混合农业存在很大的差别。但我国珠江三角洲地区基塘生产，因地制宜，将甘蔗、果树、桑蚕的生产与养鱼有机结合起来，创作了一种形式新颖的混合农业。

练一练

选择题

1. 下列叙述中，正确的是（　）

A. 美国依靠科技投入增加的农业产值占农业总产值的60%

B. 中国依靠科技投入增加的农业产值占农业总产值的30%

C. 美国主要依靠科技投入增加农业产值

D. 中国主要依靠扩大耕地面积增加农业产值

2. 下列现代农业生产的行为中，不属于科技投入的是（　）

A. 培育良种　　B. 改进灌溉技术　　C. 改革耕作方式　　D. 使用化肥、农药

3. 1996年，我国北方地区苹果价格大跌，并出现了严重的滞销局面。造成这种局面的主要影响因素是（　）

A. 市场需求　　B. 国家政策　　C. 气候因素　　D. 交通运输

4. 20世纪70年代前甲鱼价格便宜，80年代后价格飞涨，而自然生长的甲鱼要七年才能上市，随后，江汉平原有很多人在冬季用温室不让甲鱼冬眠，这样三年即可上市，以后价格大幅度下跌，于是有的又转向养观赏龟。据此完成（1）~（3）题。

（1）最终决定农业生产类型和产量的因素是（　）

A. 气候　　B. 政策　　C. 科技　　D. 市场

（2）甲鱼三年就能上市，这是由于人们改造了（　）

A. 光热条件　　B. 土壤条件　　C. 地形条件　　D. 交通条件

（3）湖北江汉平原的甲鱼运到上海销售，主要得益于（　）

A. 发达的通信网络　　B. 快捷的交通运输　　C. 优惠的政策　　D. 优越的地理位置

5. 在西藏聂拉木县（北纬28°）海拔4700米的阳坡种植了青稞，这里成为目前世界上海拔最高处的农业生产地，耕作制度为一年一熟，据此完成（1）~（2）题。

（1）该县可种植青稞且产量较高的原因是（　）

A. 二氧化碳浓度高，温室效应明显　　B. 昼夜温差大，日照强

C. 降水量丰沛　　D. 气温偏低，水分蒸发少

（2）该县与苏南部纬度差不多，江苏南部耕作制度为一年两熟，这说明农业生产具有（　）

A. 地域性　　B. 季节性　　C. 周期性　　D. 不均性

6. 右图为“我国某地区土地利用图”，读图完成（1）~（2）题。

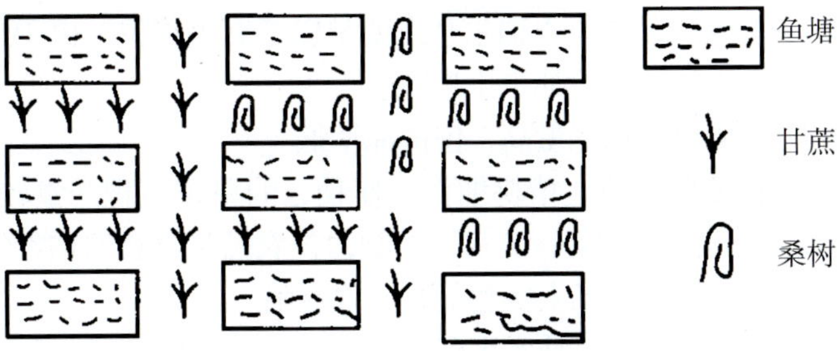

（1）该地区的农业地域类型是（　）

A. 种植园农业　　B. 乳畜业

C. 混合农业　　D. 水稻种植业

（2）该农业的好处是（　）

A. 可少占耕地

B. 可实现农业生态系统的良性循环

C. 可以实现农产品的自给

D. 便于利用当地劳动力资源丰富的优势

第二节　世界主要农业地域类型

一、季风水田农业

季风水田农业主要分布在亚洲季风区，农业以种植业为主，作物主要是水稻。据考证，水稻原产于中国，发现于浙江余姚河姆渡遗址，至今已种植约有7000多年的历史了。水稻生产的气候生长条件要求具有高温多雨的季节或者是全年高温多雨，因此，世界上的水稻生产，绝大部分分布在符合此条件的东亚、东南亚和南亚的季风区，以及东南亚的热带雨林地区（图8.4）。除此以外，非洲的埃及、尼日利亚，欧洲的西班牙、意大利，拉丁美洲的古巴、委内瑞拉、巴西也有水稻种植业的分布。美国的密西西比河下游地区，也分布着大片农田。

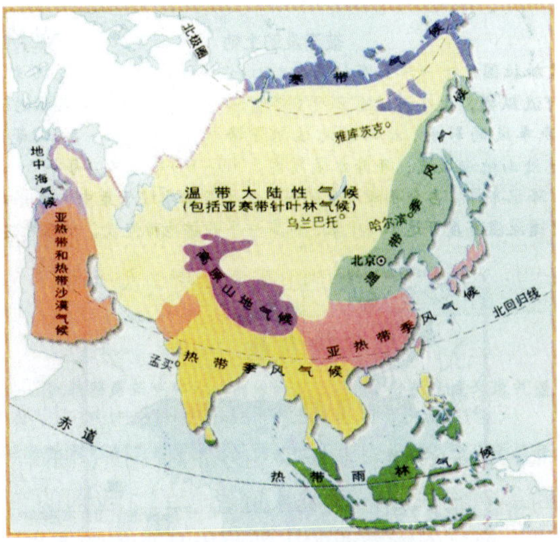

图8.4　亚洲气候类型

读一读

水稻种植

亚洲季风区的水稻种植历史悠久，稻米也是当地人们喜爱的主要食粮，季风区水田农业所产稻米占世界稻米总产量的绝大部分，其中中国是世界上最大的稻米生产国。在本区的水稻种植业中，由于热量的差异，种植制度也有区别。其北部一般是一年种一季水稻，往南逐渐发展到双季稻以及三季稻。水稻的生长季节需水量很大，要求田地平整，排灌方便，因而，水稻多集中在河流中下游及三角洲地区。在水源充足的丘陵区种植水稻，需要修建梯田。为控制水量，水田之间都要用田埂隔开（图8.5）。

图8.5　我国水稻种植景观图

水稻种植业是一种劳动密集型农业。与其他农业类型相比，水稻种植业种植生产过程复杂，劳动强度大，需要投入大量的劳动力来精耕细作。东亚、东南亚和南亚地区人口稠密，劳动力丰富，是发展水稻种植业的有利条件。另一方面，水稻的单位面积产量很高，亚洲的水稻种植区是世界上人口最稠密的地区，人均耕地少，因而，在这里种植水稻可以缓解人口对土地的压力和对粮食的需求。

季风水田区的水稻种植业有以下特点：

1. 小农经营

季风水田区的水稻生产主要是以家庭为单位。由于人均耕地少，每户耕地的田地很少。我国南方每户耕种的水稻田一般都少于1公顷。

2. 单位面积产量高，但商品率低

农民在田地上精耕细作，使稻谷的单位面积产量较高。但是由于生产规模小，每户的稻谷产量都不大。受传统观念及经济水平的制约，农民将收获的稻谷的相当一部分留作全家的口粮及家禽、家畜的饲料用粮，而送到市场上销售的稻谷很有限。

3. 机械化和科技水平低

农民一般从事的是手工劳动，凭的是传统经验，因而，劳动效率不高。虽然近一二十年来利用电力进行灌溉、脱粒发展很快，化肥农药的使用量也逐步提高，但除了日本达到机械化外，其他国家还很低。科技投入也有待于进一步的发展，中国在杂交水稻推广方面取得了显著的成效。

读一读

袁隆平的水稻科学研究

我国著名水稻专家袁隆平主持的杂交水稻的发明与推广，为粮食生产开辟了广阔的前景。杂交水稻在我国累计推广了2亿多公顷，增产粮食3亿多吨，每年增产的稻谷可养活6000万人口。因此，袁隆平获得了我国首届“国家特等发明奖”和联合国世界知识产权组织颁发的“发明与创造奖”等。目前，我国生物技术育种居世界先进水平，两系法杂交水稻技术居世界领先地位。超级杂交水稻也取得了重要进展，平均每公顷产量可达到1万多千克，处于世界领先水平。

二、商品谷物农业

商品谷物农业是一种面向市场的一种农业地域类型。生产规模大，机械化程度高是其主要的生产特征。商品谷物农业主要是分布在美国、加拿大、阿根廷、澳大利亚、俄罗斯、乌克兰等国家，这些国家的商品谷物农场一般是家庭经营的。我国的东北和西北也有这类农业，但我国的商品谷物农场一般是国营的。商品谷物农业的生产对象是小麦和玉米。

商品谷物农业的区位条件为地势平坦开阔、土壤肥沃、气候温和、降水丰富、交通运输便利、市场广阔、地广人稀、农业科学技术先进、机械化水平高（图8.6）。

美国是世界上最大的商品谷物生产国，商品谷物生产主要是分布在中部平原。这里有世界上最发达的

图8.6 商品谷物农业的区位条件

商品化农业生产，商品率超过了95%。这里发展商品谷物农业的优势区位条件表现在以下几个方面。

1. 得天独厚的自然条件

中部平原地区地势平坦，面积广阔；土壤深厚，土质肥沃；河系发达，水源充足；气候温和，降水丰富，夏季潮湿。

2. 灵活机动的交通运输

五大湖及密西西比河强大的河运，与发达的公路和铁路相衔接，构成四通八达的交通运输网。

3. 地广人稀的人文条件

中部平原地区原来只是茫茫旷野，欧洲人到来之后才逐渐形成谷物生产基地。由于地广人稀，可以进行大规模生产，使得这里的谷物生产比起欧洲有着很大的竞争优势。现在，美国人口虽然在增多，但城市化水平很高，广大农村依然人口稀少。

4. 高度发达的工业技术

美国发达的工业为农业生产提供了现代化的农业机械，以及电力、化肥、农药等。现在，这里谷物生产的各个环节，都由机械作业。农业已经向大型、宽幅、高速、联合方向发展。有的农场播种、施肥、喷洒农药等，还使用飞机作业。

5. 先进的科技体系

中部平原上的商品谷物农业离不开美国先进的农业科技。美国政府为促进农业的发展，在全国建立起一个庞大的农业科技研究和推广体系：农业部有农业科技研究中心，各州有农学院和农业试验站，各县有农业推广站并拥有一批农业推广员。这个系统免费向所有农场主提供最新的农业科技成果。

三、大牧场放牧业

大牧场放牧业是一种面向市场的农业地域类型，主要是分布在美国、澳大利亚、新西兰、阿根廷、南非等国。这些国家有大面积的干旱、半干旱气候区。降水量不足，只生长一些稀疏植被，不适宜经营种植业，只能发展畜牧业—放牧牲畜，因而形成大牧场放牧业这种农业地域类型。在美国、阿根廷的牧场上，牧牛业占重要地位。在澳大利亚、南非、新西兰的大牧场上，养羊业占有重要地位。大牧场放牧业具有生产规模大，机械化程度高的特点。

阿根廷潘帕斯草原上的大牧场牧牛业，因其良好的经济效益，成为世界大牧场放牧业经营的杰出代表。潘帕斯草原气候温和，草类茂盛，是世界上优良的天然草场之一；地广人稀，而且土地的租金很低，为牧场的大规模经营提供了可能性；距海港近的区位优势，促进了牧场的商品经营（图8.7）。

在欧洲人来之前，印第安人就在这里自由地放牧。欧洲人到来之后，潘帕斯草原逐渐被四周铁丝网的大牧场所分割，粗放的自给自足的经营方式被密集的商品牧牛业所取代。大牧场归牧场主所有，原先的自由自在的牧牛人被牧场主雇到大牧场来放牧牛群。

图8.7　潘帕斯草原牧牛景观

阿根廷地广人稀，所产牛肉主要供出口。20世纪初，人类发明了海上冷冻船，使潘帕斯牛肉的市场扩大到了欧洲。从此，潘帕斯草原的牧牛业获得飞快的发展，阿根廷也就成了世界上主要的牛肉出口国（图8.8）。

除了优越的自然条件外，为促进牧牛业的发展，阿根廷人还着重加强了以下几方面的工作。

1. 培育良种牛

潘帕斯草原最早的良种牛是欧洲人带来的。后来，阿根廷人加强了对良种牛的培育和牛群病害的研究，并在这一领域一直处于世界先进水平。

2. 改善交通条件

修通了横穿潘帕斯草原的大铁路。这样，牧场的肉牛可以方便地运往首都布宜诺斯艾利斯屠宰加工，再装船运往国外。

3. 开辟水源

在草原上打了很多机井，保证人畜饮水和牧草生长用水等措施，使牧场不至于退化。

4. 科学放牧

采取围栏放牧、划区轮牧、种植饲料等，以保证草场持续的生命力。

图8.8　布宜诺斯艾利斯的肉牛市场

四、乳畜业

乳畜业是随着城市的发展而产生的一种面向市场的商品化且集约化畜牧业的农业地域类型。其生产对象是奶牛，产品主要是牛奶及其制品，如奶粉、黄油和奶酪。

世界乳畜业主要分布在北美五大湖周围地区、西欧、中欧以及澳大利亚和新西兰等地，多为温带海洋性气候，这里有多汁牧草的生长。

市场和饲料供应是影响乳畜业生产的两个重要因素。就市场因素看，城市需要大量的新鲜牛奶以及牛奶制品。受牛奶运输的影响，以生产牛奶为主的乳畜业农场多分布在大城市的附近，以生产加工的乳制品的乳畜业农场可以分布在离城市较远的地方。就饲料因素看，乳牛既需要多汁的青饲料，也需要含蛋白质较高的精饲料，因此，乳畜业农场既种植优质牧草，也种植饲料作物。

第三节　中国的农业（选学）

一、影响农业的因素

中国是农业大国，由于中国南北跨度较广和东西延伸比较长，因而，发展农业的自然条件较好，其影响农业的因素也复杂，其中有利也有弊，具体如下。

1. 影响农业的自然因素

（1）气候。中国大部分地区属中、低纬度，光照条件优越，且夏季普遍高温，雨热同期，利于农作物的成熟及产量的提高。但大风寒潮冰雹旱涝等灾害性天气频繁，受季风影响强烈，降水的季节变化和年际变化大，对农业生产构成一定的威胁。

（2）水源。中国由于大江大河较多，水资源总量大，而且地下水资源丰富。但时空分布不均，时间上，夏秋多，冬春少，径流季节变化和年际变化大；空间上，南方多，北方少，东部多，西部少，给我国部分地区的农业生产带来不小的影响。

（3）地形。中国山地多，平原少，林地面积比例较小。

（4）土壤。中国是一个传统的农业大国，土地垦殖历史悠久，土壤具有丰富的肥力，耕地质量普遍较好，但可耕荒地后备资源不足，分布偏僻，垦殖费用高。

（5）生物。生物数量众多，种类较齐全，有利于农作物或牲畜品种的改良、优化，有利于产量和质量的提高，但有一些动植物缺乏保护和合理开发利用。

2. 社会经济条件对农业也产生影响

（1）国家政策和措施。国家保障和推动农业的发展，提高农业生产力，调动了农民的积极性和创造性。

（2）劳动力资源。中国人口众多，劳动力资源丰富，有利于农业生产的精耕细作方式生产，提高粮食单产。但农村劳动力素质不高，不利于农业技术的推广提高。

（3）市场。市场需求量大，能推动农业的迅速发展，利于促进农业的结构调整，但受经济条件的限制，动物性食品的消费偏低。

（4）交通。从建国初期至今，已经形成了联系城乡、沟通南北的便利交通网络，航空、航海、铁路、公路互相衔接的立体交通方式。

二、我国农业的基本类型

1. 种植业

主要分布在湿润、半湿润的东部地区，主要作物是水稻、小麦、棉花、油菜、棉花、甜菜、甘蔗等。但由于气候条件的差异，形成了种植业的南、北方的明显不同，其界限是秦岭—淮河一带，其耕作制度、作物类型都有所不同。到目前为止，我国种植业已经形成了众多的农业专业化生产基地。

商品粮基地：①生产条件和基础较好的地区——太湖平原、洞庭湖平原、江汉平原、鄱阳湖平原、成都平原、珠江三角洲；②生产潜力大的地区——江淮地区；③粮食商品率高的地区——松嫩平原、三江平原。

商品棉基地：江汉平原，冀中南、鲁西北、豫北平原，长江中下游滨海沿江平原，黄淮海平原和南疆地区。

另外，还形成了油料作物、糖料作物生产地区以及出口性商品基地。

2. 林业

主要分布在中国的东北、西南地区（主要以天然原生林为主）和东南林区（主要以人工次生林为主）。

3. 牧业

在多种经营的思想指导下，我国的牧业已经取得了长足的进步，根据不同地区生产条件、经营方式的不同，可以把中国的牧业分为牧区畜牧业和农耕区畜牧业两类。牧区畜牧业主要分布在西北干旱、半干旱草原地区和青藏高原区，形成了中国的四大牧区：内蒙古、新疆、青海、西藏，其主要的经营方式是放牧。农耕区畜牧业主要分布在中国的种植业发达地区，在中国东部比较普遍，其经营方式是以围栏饲养为主。

4. 渔业

以海洋渔业和陆地渔业为主，近年来以人工投苗饲养为主，产量很大。浅海和滩涂是发展人工养殖的良好场所。

练一练

一、选择题

1. 水稻被誉为“亚洲的粮食”，据此完成（1）~（2）题。

（1）亚洲水稻种植业的特点有（　）

A. 水利工程量小　　B. 机械化水平高

C. 小农经营的粗放生产　　D. 单产高、商品率低

（2）下图是四幅粮食作物产量构成的扇形示意图，表示东南亚某国情况的是（　）

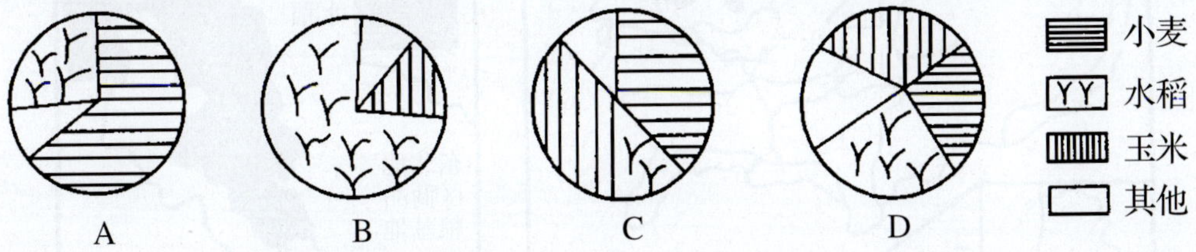

2. 美国发达的工业为商品谷物农业生产提供了（ ）

①丰富的劳动力资源 ②先进的农业科技 ③生产环节由机械操作 ④优质化肥农药

A. ①② B. ②③ C. ③④ D. ①④

3. 有关美国和澳大利亚在农业方面的叙述，正确的是（ ）

①两国都是世界上主要的商品谷物生产国 ②澳大利亚农业生产的混合经营方式很突出，而美国实行专业化生产，没有混合农业生产区 ③两国都是世界主要的小麦、羊毛出口国 ④两国主要商品农业区都是地广人稀的地区

A. ②③ B. ②④ C. ①④ D. ①③

4. 经过地心的直线与地球表面相交于甲、乙两点。甲点位于37° N、118° E，乙点所在地区的农业地域类型主要是（ ）

A. 混合农业 B. 水稻种植业 C. 大牧场放牧业 D. 种植园农业

5. 水稻种植业、商品谷物农业分别集中在（ ）

A. 低纬度季风区、中纬度沿海地区

B. 热带和亚热带季风区、温带沿海地区

C. 低纬度大陆东岸地区、中纬度大陆西岸地区

D. 热带和亚热带季风区、温带大陆性气候区及温带季风区

6. 形成大牧场放牧业的自然区位条件是（ ）

A. 有良好的海洋运输条件和先进的保鲜、冷藏技术

B. 草类茂盛，大面积优良的天然草场

C. 地广人稀，且有大面积热带草原气候区

D. 都有大面积干旱、半干旱区，这些地区不适宜种植，只能发展畜牧业

二、填空题

1. 读下图，完成（1）～（4）题。

（1）写出水稻主要分布地区的名称：A______；B______；C______。

（2）C地区与A、B地区相同的气候特征是______；三地区大力建设水利工程的主要原因是______。

（3）这些地区人口______，劳动力______，为发展水稻种植业提供了有利条件。这些地区水稻种植业的特点中，与人口因素有很大关系的有：①______；②______；③______。

（4）要大幅度提高这里的水稻产量，应从______加大投入。

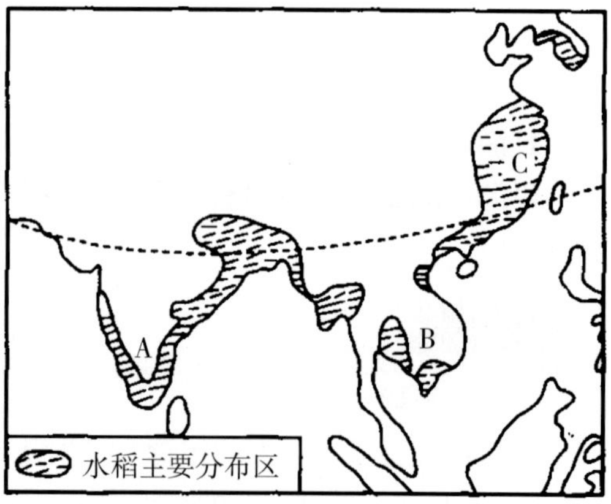

2. 下图为“美国和中国东北地区农业分布示意图”，读图后完成（1）～（4）题。

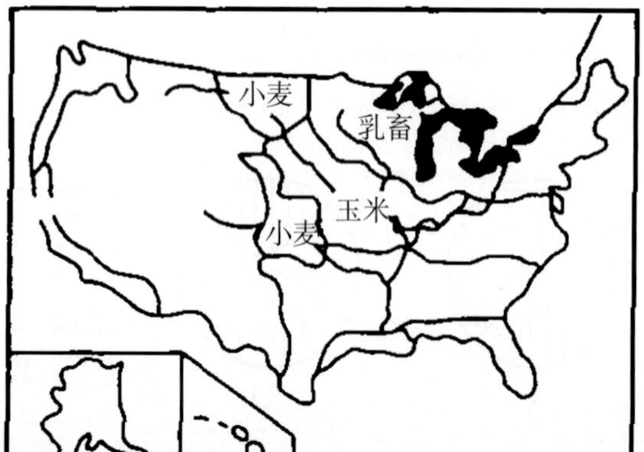

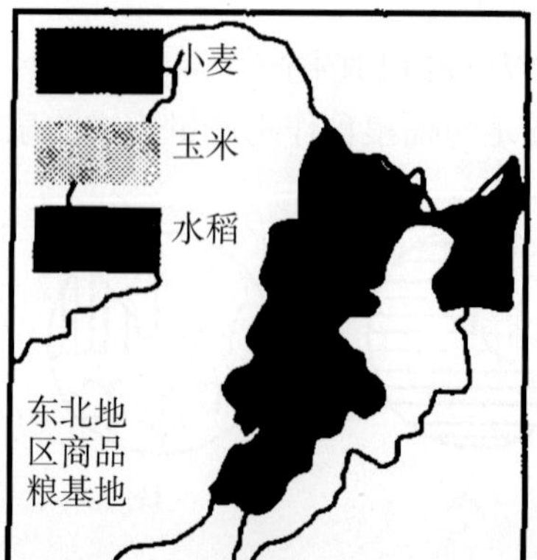

（1）中国东北部和美国东北部地区农业结构的共同之处是__________。两个地区从农业地域类型看，都属于__________。不同之处是__________。

（2）影响两个地区小麦种植的有利自然条件是__________。

（3）我国东北部地区种植水稻最主要的不利因素是__________。

（4）下表为美国和我国东北玉米带的比较。

从表中可以看出，两地玉米单产美国玉米带高于我国玉米带，究其原因是：__________；从自然条件看：__________。从社会经济条件看：__________。

项　目	美国玉米带	中国玉米带
纬　度	37°N～45°N	42°N～46°N
地　形	平原	平原
土壤有机质	3%～6%	2%
降水量（厘米）	500～700	450～650
无霜期（天）	160～200	130～145
玉米面积比重	50%	50%～60%
玉米单产(千克／公顷)	7500	6750

3. 读下面两幅图，分析完成（1）～（4）题。

（1）图中农业区A为_____（国家）平原，B为_____（国家）草原。

（2）A区的农业生产属于_____农业，B区的农业地域类型是_____。

（3）A、B两区自然条件的相同点是：①_____；②_____；③_____。

（4）A区的经营方式以__________为主，B区的经营方式以__________为主。

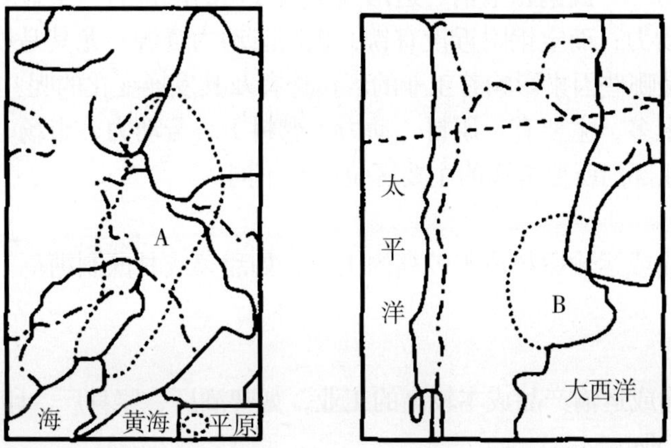

三、问答题

1. 季风水田农业需要的条件有哪些？
2. 亚洲水田农业的生产特点表现在哪些方面？
3. 以美国为例，说明商品谷物农业生产的条件。
4. 我国内蒙古、新疆等地区能否采用潘帕斯草原大牧场放牧业的生产模式？

第九章　工业地域

工业是社会最基本的物质生产部门。它采取自然资源，制造生产资料、生活资料或对农产品进行加工。

工业生产活动主要包括：对自然资源的开采，如采矿、晒盐、森林采伐等，但不包括禽兽捕猎和水产捕捞；对农副产品的加工、再加工，如粮油加工、食品加工、轧花、缫丝、纺织、制革等；对采掘品的加工、再加工，如冶金加工、石油加工、化学加工、机械加工、木材加工等，以及电力、煤气及水的生产和供应等；对工业品的修理、翻新，如机器设备、交通运输工具的修理等，不包括属于居民服务业的日用品修理。

第一节　影响工业区位选择的主要因素

一、工业区位因素

工业生产的主要场所是工厂，是劳动力利用动力和设备，将原材料制成产品的过程。工厂建在什么地方，取决于政府或厂商的决策行为。一般情况下,决策者把工厂建在具有明显的优势条件的地方。

我国两个大型钢铁公司——武钢和宝钢。这两大钢铁公司的区位有一个显著的不同点，即武钢附近有钢铁工业所需的原料铁和动力；而宝钢附近没有铁，也缺乏动力资源。尤其是铁矿石，需要从遥远的澳大利亚和巴西运入。那么，是哪些因素影响着工业的区位选择及其发展变化的呢？

影响工业区位的因素很多，主要有：原料、动力（燃料）、劳动力、市场、交通运输、土地、环境、水源、政府等。不同的工业部门所要考虑的主要区位因素不同。

1. 原料指向型工业

原料不便于长距离运输或运输原料成本较高的工业，如甜菜或甘蔗制糖厂、水产品加工厂、水果罐头厂等，应接近原料产地。

2. 市场指向型工业

产品不便于长距离运输或运输产品成本较高的工业，如啤酒厂、家具厂、印刷厂等，应接近市场。

3.廉价劳动力指向型工业

需要投入大量劳动力的工业，如普通服装、电子装配、包带、制伞、制鞋等工业，应接近具有大量廉价劳动力的地方。

4. 动力指向型工业

需要消耗大量能量的工业。如有色金属冶炼，应接近火电厂或水电站。

5. 技术指向型工业

技术要求高的工业，如集成电路、卫星、飞机、精密仪表等工业，应接近高等教育和科技发达的地区。

二、工业区位选择的变化

工业对区位的选择不是绝对的、一成不变的，随着社会生产力的发展和科学技术的进步，上述因素对工业区位的影响也在不断地变化。

由于工业所用原料的范围越来越广，可替代原料越来越多，加上交通运输条件的改善，原料地对工厂区位的影响逐渐减弱，与此同时，市场对工厂区位的影响正在逐渐加强。宝钢的区位选择就说明了这一点。

工业原料的运入、产品的运出，都需要交通运输，因此，沿海沿江港口、铁路枢纽、高速公路沿线等地区，对工业具有很大的吸引力。近些年来，一些发达国家的交通运输已相当完善，厂商选择工厂区位时，交通运输不再成为他们考虑的主要因素了。

信息通讯网络的通达性在工业区位因素中的重要性越来越突出。

在工业生产机械化、自动化不断解放体力劳动的同时，工业对劳动力技能的需求逐渐增加，因此，劳动力素质对工业区位的影响力在逐渐增强。

近年来，工业区位选择越来越重视科学技术因素。例如，科技的发展促进了交通运输业的发展，对原料、动力依赖较强的企业，其依赖程度大大降低。

除了从经济效益的角度讨论了工业的区位因素。对于有些工厂、政府或厂商在选择其区位时，可能考虑的是其他因素。我国20世纪50年代在内地建立了一些大型工业基地，主要是由于国防的需要；“九五”计划期间大力推动内地工业的发展，主要是为了缩小内地与沿海地区经济发展的差距。为解决就业问题，政府甚至会采用补助的形式，将工厂设在并不盈利的区位。

对于厂商来说，个人的偏好还会对工厂的区位选择产生很大的影响。例如，许多人愿意到自己的家乡投资，我国改革开放以来吸引的外资中，海外华人、华侨的投资就占着相当大的比重。

常常可以看到，某个工厂的区位不合理，但仍然留在那里，这称为工业惯性。造成工业惯性的原因可能有很多，例如，工厂搬迁的费用太高，政府的影响，出于对当地经济的考虑，等等。

工厂产出产品的同时，也产出废气、废水、废渣。这些废弃物排入环境，会造成环境污染，危害人们的身体健康。因此，对环境污染严重的工业，选择区位时应非常慎重（图9.1）。

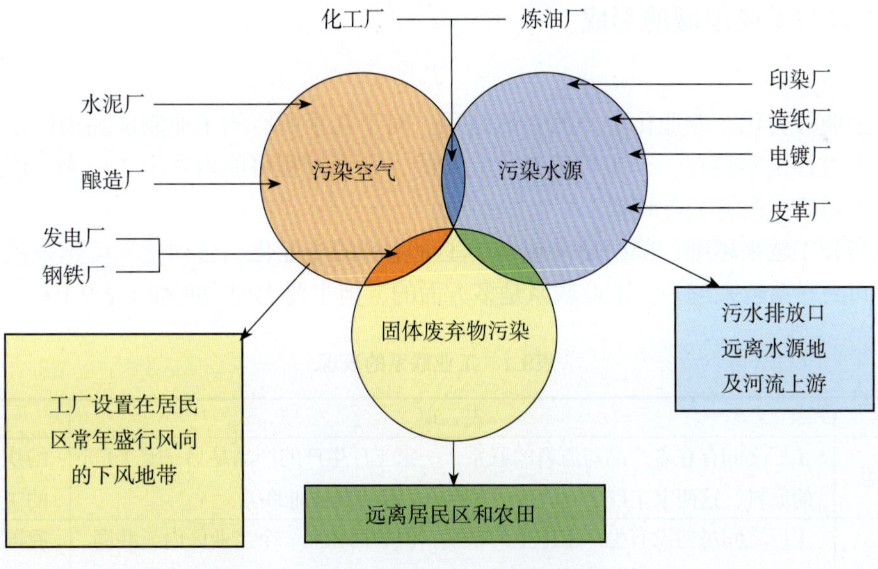

图9.1　污染严重工业区位选择

练一练

一、选择题

下列产业活动是工业的是（　）

A. 家用电器修理部　　B. 南海珍珠养殖场

C. 海上石油钻井平台　　D. 奶牛养殖

E. 上海光明乳制品厂

二、综合题

1. 根据右图提供的信息，完成（1）～（5）题。

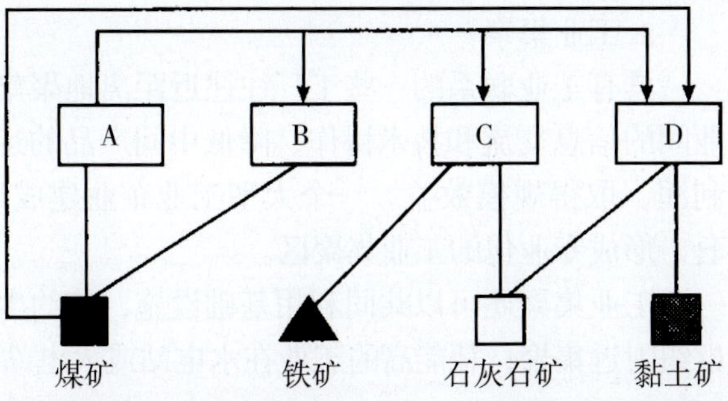

我国内地某大型铁矿区附近有炼焦煤、石灰石、黏土矿和丰富的地下水资源。该地区附近有河流和铁路干线，周围是盛产小麦、棉花的农业区。

（1）随着大型铁矿的开采，将建立焦化厂、钢铁厂、发电厂和水泥厂。请填出工业联系图中A、B、C、D所代表的工厂名称。

A______，B______，C______，D______。

（2）该地的主导工业部门是______工业。

（3）下面工厂中，在该地建厂条件较好并与主导工业联系密切的是（　）

A. 重型机械厂　　B. 精密仪表厂

C. 造船厂　　D. 纯碱厂

（4）从当地农业需要和综合利用资源方面考虑，该地还将建立氮肥厂，其原料供应的有利条件是______。

（5）为了充分利用当地资源，该地还可能建立的轻工业工厂是（说出两个）______。

2. 右图是某城市的平面图，图中A、B、C、D分别代表食品工业、纺织工业、化学工业、微电子工业。说一说这样布局工业的道理。

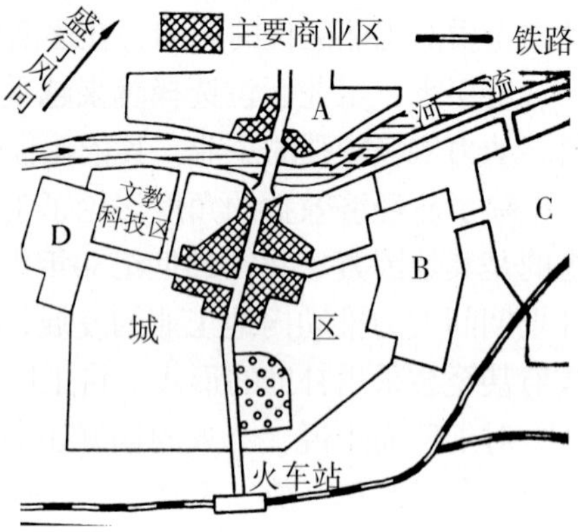

第二节　世界主要工业区类型

一、工业集聚与工业地域的形成

1. 工业联系

工业联系是工业社会化、专业化生产的必然结果。对于几乎所有的工业制成品来说，很少有产品从原料开始的全部加工过程是能够在一个工厂里独立完成的，各个过程可能由各个工厂来完成。这样，进行各加工过程的工厂之间就存在着工业联系。

现代工业生产分工越来越细。部门越来越多，工业生产的专业化、自动化程度越来越高。现代工业的特点决定了工业间的联系越来越多。工业联系是多方面的，但主要表现为两种（表9.1）。

表9.1　工业联系的表现

工业联系	表　现	举　例
生产工序上的联系	工厂之间存在着产品与原料的联系，一家工厂生产的产品是另一家工厂的原料，这两家工厂之间就形成了生产工序上的工业联系	纺织厂和印染厂之间的工业联系
空间利用上的联系	工厂之间虽然没有生产工序上的联系，但布局在同一个工业区内，共同利用工业区的道路、供水、供电、通信等基础设施以及生产、生活服务设施，或者共同利用当地廉价的劳动力，形成空间利用上的工业联系	我国许多地方的经济技术开发区中的工业联系

2. 工业集聚

具有工业联系的一些工厂往往近距离地聚集起来，形成工业集聚现象。它有明显的优势，可以加强企业间的信息交流和技术协作，降低中间产品的运输费用和能源消耗，进而降低生产成本，提高生产效率和利润，取得规模效益。一个大型工业企业建成后，与之有生产工序上联系的许多企业相继建设，与它配套，形成专业化的工业集聚区。

工业集聚还可以共同利用基础设施，节约生产建设投资。例如，运量大的工业企业往往在港口和铁路枢纽附近集聚；耗能高的工业在水电站或火电站附近集聚。

3. 工业地域

（1）工业地域的内容。工业集聚而形成的地域，称为工业地域。工业地域的形成包括两种情况：一是以生产工序上的工业联系为基础，以降低生产成本为目的而自发形成的工业地域；二是规划建设的工业地域，其内容如表9.2所示。

表9.2　工业地域的内容

工业地域	自发形成的工业地域	规划建设的工业地域	
形　成	以生产工序上的工业联系为基础，以降低生产成本为目的而自发地在地理空间上相互靠近	把生产工序上联系密切的工厂布局在一起而形成的工业地域	在规划的工业用地上，先建成基础设施，再吸引投资者建厂
工业联系	生产工序上的工业联系密切	生产工序上的工业联系密切	空间和信息共同利用的工业联系
发展潜力	多为传统工业，结构较单一，改造困难	经济、环境效益较高	经济、环境效益较高
举　例	传统工业区一般为自发形成的工业地域	上海金山卫石化工业区	我国许多地方的经济技术开发区

（2）工业地域的类型。不同的工业部门，因其对地理位置、自然环境和社会条件的需求不同，以及自身的工业生产特点，会形成不同类型的工业地域（表9.3）。

表9.3　工业地域的类型

工业地域	发育程度高的工业地域	发育程度低的工业地域
发展条件	钢铁工业、石化工业、机械工业等生产过程复杂，其内部的工业联系比较复杂，形成的工业地域面积大、协作企业多、生产规模大、发育程度高	一些地区主要依靠当地的自然资源和农产品，发展初步的加工工业，这样形成的工业地域，工业联系简单，规模小，工厂少
发展特点	面积大，往往由于工业地域的扩展形成工业城市	面积小，发育程度低，发展潜力小
举　例	钢城、汽车城、石油城	面粉厂、糕点厂、糖果厂

二、工业分散与工业地域的联系

工业分散是指工业企业、工业点等散布于一定地域范围。有两种表现，一种是老工业区处于饱和状态，使新建企业分散；另一种是有相互协助的工厂之间的分散现象，最终可形成跨国公司。工业分散适用于：一是原料和产品的运量很小，甚至可以空运，例如，一些轻、薄、短、小且价格昂贵的电子元器件供应厂家，与电子装配工厂之间距离较远的企业；二是要充分利用各地的优势，减少交易费用的企业。

由于工业分散，引发了工业的地域联系。工业的地域联系能促进地域间的交流。

读一读

跨国公司

跨国公司是工业分散的结果，产生原因：一是产品较复杂，原料和零部件种类多，且需要在不同地区的工厂供应；二是每种原料和零部件可能在不同地区销售。所以为了减少市场交易费用，有供销关系的工厂合并形成跨国或跨地区的企业。

跨国公司的优势是可以在全球范围内选择最优区位，形成国际和区际劳动分工，实现工业联系全球化，以获得最大经济效益。

现代通信技术的发展，邮政网络、电信网络、信息高速公路等通信方式的出现，使工业地域联系更加密切。一个跨国公司可以把它的各个部门设在全世界各国家或地区，通过现代化的通信设施，所有信息会同时到达各部门。

三、世界主要工业类型

世界上广泛分布着由工业聚集而成的工业地域，按照工业区的组合性质，大致可以分为传统工业区、新工业区，不同类型的工业区具有不同的特点。

1. 传统工业区

传统工业主要是指基础工业，如煤炭、钢铁、建筑、纺织、橡胶、造船以及与它们相关的一些附属工业部门。18世纪的工业革命起源于西欧，使得传统工业首先从西欧开始发展起来。传统工业区，如德国鲁尔区、英国中部工业区、美国东北部工业区等，一般是在丰富的煤、铁资源基础上，以纺织、煤炭、钢铁、机械、化工等传统工业为主，以大型工业企业为轴心，逐渐发展起来的工业地域。它们在本国以至世界工业发展过程中起着重要作用。20世纪50年代，尤其是70年代以后，传统工业区开始衰落，并经历了长期的改造历程。下面以鲁尔为例，加以详细分析。

鲁尔区形成于19世纪中叶，地处欧洲的十字路口，被称为“德国工业的心脏”。鲁尔区的发展，有以下几方面优越的区位条件。

（1）丰富的煤炭资源。鲁尔区是在鲁尔煤田的基础上发展起来的。鲁尔煤田储量大，开采条件好。

（2）离铁矿区较近。鲁尔区铁矿资源较贫乏，但离法国东北部著名的洛林铁矿区较近。

（3）充沛的水源。莱茵河纵贯鲁尔区。

（4）便捷的水陆交通。鲁尔区位于欧洲中部陆上交通的十字路口，地理位置十分优越。莱茵河、鲁尔河、利珀河等天然河流和四条人工运河，不仅连成一体，而且都可通航，并能直通海洋。有密集的公路和铁路运输网。

（5）广阔的市场。德国以及西欧发达的工业，为鲁尔区工业生产提供了广阔的市场。

长期以来，鲁尔区主要以煤炭工业、钢铁工业、电力工业、化学工业、机械工业几大传统工业部门为主，20世纪50年代以后，鲁尔区在经历了约1个世纪的繁荣之后，经济开始衰落。其中以煤炭工业和钢铁工业的衰落最为明显。究其原因，主要有以下几方面。

（1）生产结构单一。鲁尔区的工业生产集中于煤炭、钢铁、电力、机械、化学五大传统工业部门（图9.2）。其中，煤炭工业和钢铁工业是全区经济的基础。

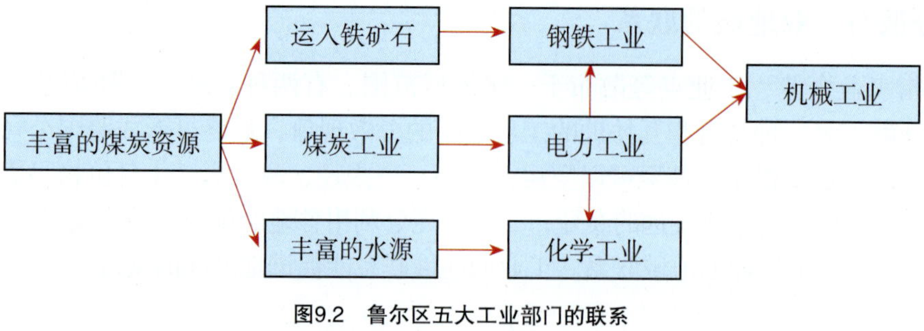

图9.2　鲁尔区五大工业部门的联系

（2）煤炭的能源地位下降。20世纪50年代以后，随着石油和天然气的广泛使用，在世界能源消费构成中，煤炭所占比重逐渐减少。另一方面，新技术炼钢的耗煤量逐渐降低。

（3）世界性钢铁过剩。20世纪50年代以后，产钢和出口钢的国家越来越多，世界钢铁市场竞争激烈。随后，70年代的经济危机，以及钢产品的替代产品的广泛应用，使世界钢材消耗量急剧减少。

（4）新技术革命的冲击。新技术革命既产生了一大批新兴工业部门，也改变了传统的工业生产和组织方式。鲁尔区工业企业传统的生产和组织方式不适应时代发展的要求，并且因用地紧张、环境污染严重等原因，新兴企业不愿意到这里落户。

20世纪60年代，鲁尔区开始综合整治（图9.3），经过综合整治，鲁尔区经济结构趋于协调，工业布局趋于合理，经济由衰落转向繁荣，改变了重工业区环境污染严重的局面，成为环境优美地区。

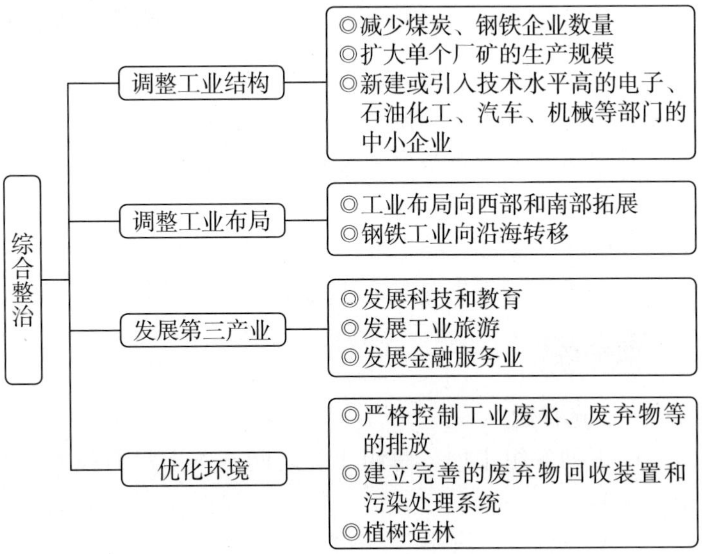

图9.3　鲁尔区综合整治的主要措施

2. 新工业区

20世纪50年代之后，当传统工业区开始走向衰落的同时，在发达国家的一些没有传统工业基础的乡村地区，逐渐形成了以灵活多变的中小企业为主的工业地域，如意大利东北部和中部地区、德国南部地区以及美国"硅谷"等。相对于传统工业区而言，人们把这些工业地域称为新工业区。我们也把像美国"硅谷"这样的新兴工业区称为高技术工业区。

意大利东北部和中部是世界上典型的新工业区。一直以农业经济为主的意大利东北部和中部，从20世纪50年代开始，利用当地及国内外有利条件，迅速发展成为新兴工业区（图9.4）。

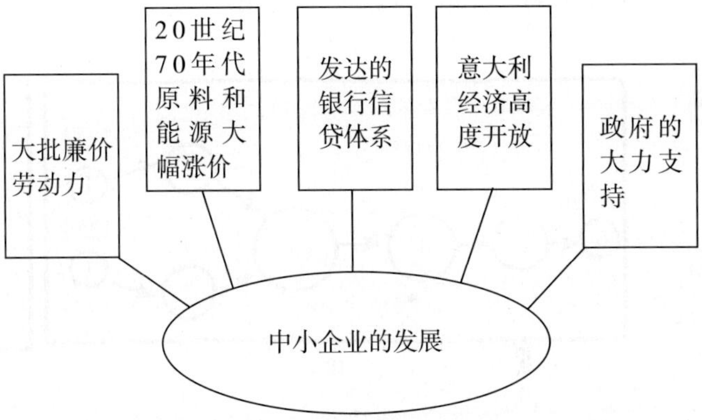

图9.4　意大利新工业区发展的重要条件

与传统工业区相比，意大利新工业区有以下特点。

（1）以中小企业为主，企业雇员一般在250人以下。

（2）以轻工业为主，生产成本低廉、工艺考究、质地优良、款式新颖的轻工业产品。

（3）集中了大量同类或相关企业。

（4）生产高度专业化，企业仅从事单一的专业化生产。

（5）企业分布在小城镇，甚至农村，实行家庭包工等形式，生产过程分散。

为了同北部的传统工业区和至今工业化尚未得到普及的南部加以区别，人们把意大利的新工业区称为"第三意大利"。意大利的新工业区，以中小企业集聚的工业小区为独特的发展模式。普拉托靠近著名的文化名城佛罗伦萨，是意大利新兴工业区众多工业小区之一。普拉托有着悠久的毛纺历史。1951年，这里已拥有787家企业，那时各个企业之间很少联系。70年代以后，普拉托开始重视专业分工和团结协作，逐渐形成了全国著名的毛纺业专业小区（图9.5）。普拉托生产的毛纺产品占全国同类产品出口量的70%以上，占欧洲联盟市场同类产品的一半。它的产品由于成本低廉、工艺考究、质地优良、款式新颖，深受消费者欢迎。

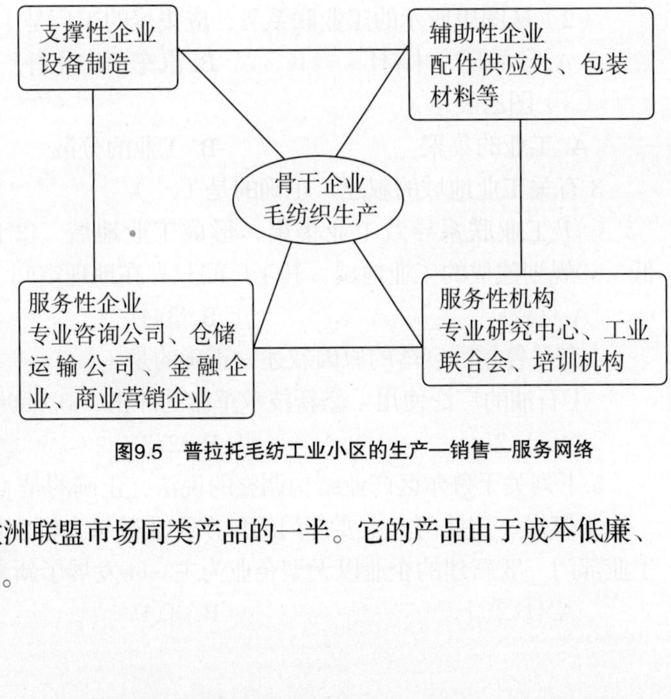

图9.5　普拉托毛纺工业小区的生产—销售—服务网络

读一读

美国“硅谷”

高技术工业区是20世纪50年代以来，特别是70年代以来，在新技术革命的推动下，出现了电子工业、半导体工业、核工业、航天工业、高分子合成工业、遗传工程、激光工业等新兴的高技术工业部门，至今，这些高技术工业仍方兴未艾，对各国经济起到了巨大的推动作用。美国“硅谷”是新技术工业区的典型代表。

“硅谷”南北长48千米，东西宽16千米。1950年，这里还是布满果园和温室的农业区，现今已发展成为一个拥有6.5万家公司，250多万人的现代化城市，是美国经济增长最快、最富裕的地区。

练一练

一、选择题

1. 下列各组工厂，每组工厂之间基本上没有投入—产出联系，而在地理空间上可以联系在一起的是（　）

A. 钢铁厂、汽车厂、气门厂、棉纺厂　B. 塑料厂、织布厂、汽车厂、印染厂

C. 服装厂、制鞋厂、制伞厂、包带厂　D. 机械厂、石灰厂、造船厂、水泥厂

2. 读下图，完成（1）~（3）题。

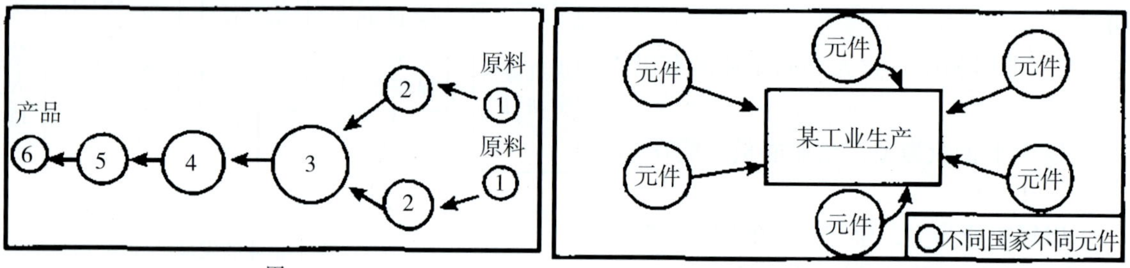

甲　　乙

（1）图甲中①~⑥不同工厂之间的联系属于（　）

A. 投入—产出联系　B. 空间联系　C. 信息联系　D. 技术联系

（2）从图甲所示的工业联系看，应集聚的工厂是（　）

A. 食品厂、木材厂　B. 汽车厂、化纤厂　C. 自行车厂、纺织厂　D. 钢铁厂、轧钢厂

（3）图乙表示（　）

A. 工业的集聚　B. 工业的分散　C. 工业的信息联系　D. 工业的地域联系

3.有关工业地域的叙述，正确的是（　）

①工业联系导致工业集聚，形成工业地域　②自发形成的工业地域面积小，潜力大，发育程度低　③规划建成的工业地域，其工厂间只存在地理空间上的联系　④钢铁工业是发育程度高的工业地域

A. ①②　B. ③④　C. ②③　D. ①④

4.有关鲁尔区衰落的原因叙述，正确的是（　）

①石油的广泛使用　②新技术革命的冲击　③煤炭资源的枯竭　④市场的萎缩

A. ①②　B. ②③　C. ③④　D. ①④

5.下列关于鲁尔区产业结构调整的说法，正确的是（　）

①煤炭、钢铁两大主要部门的厂矿企业数量大幅度增长　②新建的企业涉及电子、汽车、石化等多个工业部门　③新建的企业以大型企业为主　④发展了新兴工业和第三产业

A. ①②　B. ③④　C. ①③　D. ②④

6. 意大利新兴工业区与传统工业区相比，其突出特点是（ ）

A. 以重工业为主　　B. 资本的集中程度高

C. 以大中型企业为主　　D. 形成“分散型工业化”地区

7. 德国鲁尔区丰富的煤炭资源使得它成为世界最著名的工业区。山西省是我国主要的煤炭产地，但尚未成为我国的经济大省。据此完成（1）~（3）题。

（1）和鲁尔区相比，山西省明显匮乏的资源是（ ）

A. 水资源　　B. 铁矿石　　C. 劳动力资源　　D. 煤炭资源

（2）山西省比鲁尔区欠发达的主要社会经济因素是（ ）

A. 广阔的市场　　B. 政府的支持　　C. 便捷的交通　　D. 劳动力数量

（3）为尽快使山西由能源大省转变为经济强省，应加快经济结构调整。下列措施错误的是（ ）

A. 增加原煤的生产数量，提高经济效益　　B. 引进新兴产业，协调三大产业的发展

C. 增加科技投入，走可持续发展的道路　　D. 增加道路网，改善交通条件

8. 美国五大湖工业区和我国沪宁杭工业区相同的区位（布局）条件是（ ）

A. 交通便利，市场巨大　　B. 原料、燃料自给，水运方便

C. 人口多，劳动力价格低廉　　D. 农业基础好，盛产稻米

9. 一些发达国家的跨国公司先后进入我国汽车产业，这种现象反映了（ ）

A. 世界汽车工业生产更趋于集聚　　B. 汽车工业需要大量劳动力投入

C. 汽车工业技术与管理的空间扩散　　D. 跨国公司需要寻找最优区位

10. 广西的平果县以丰富的铝土资源为基础，发展了氧化铝和电解铝工业，这将会吸引铝电缆、铝铸件和铝连轧等加工企业在此集聚。据此完成（1）~（2）题。

（1）这些企业在这里集聚的目的是（ ）

A. 组建高科技产业基础　　B. 满足当地对铝制品的需求

C. 减少当地的环境污染　　D. 资源共享和追求集聚效益

（2）当地电解铝工业发展的能源优势是（ ）

A. 火电　　B. 水电　　C. 核电　　D. 风能

11. 下图表示工业区位选择的四种模式，图中圆圈大小表示各因素对工业区位选择影响程度的强弱。读图，完成（1）~（2）题。

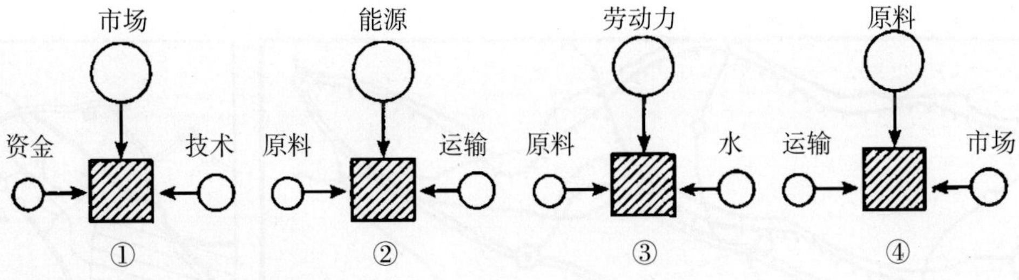

（1）工厂区位选择与图示相符的是（ ）

A. ①生物制药厂　②食品罐头厂　③电脑装配厂　④玻璃厂

B. ①彩印厂　②造船厂　③纺织厂　④皮革厂

C. ①水泥厂　②造纸厂　③家具厂　④烤烟厂

D. ①啤酒厂　②炼铝厂　③缫丝厂　④榨糖厂

（2）德国鲁尔工业区形成初期的区位选择符合（ ）

A. ①　　B. ②

C. ③　　D. ④

二、综合题

1. 图甲和图乙分别为某高科技园区空间结构和用地构成示意图。读图完成（1）~（3）题。

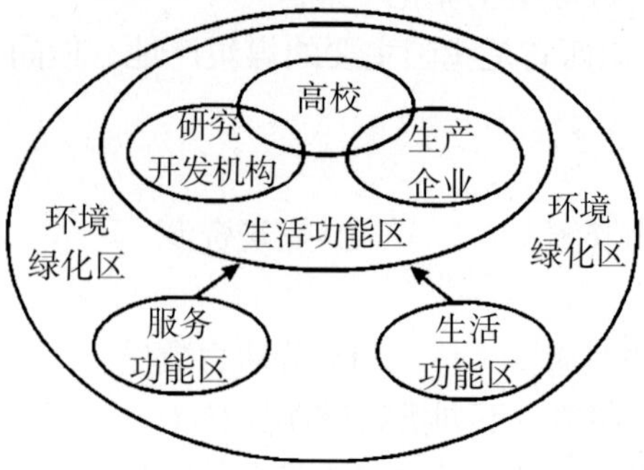

甲

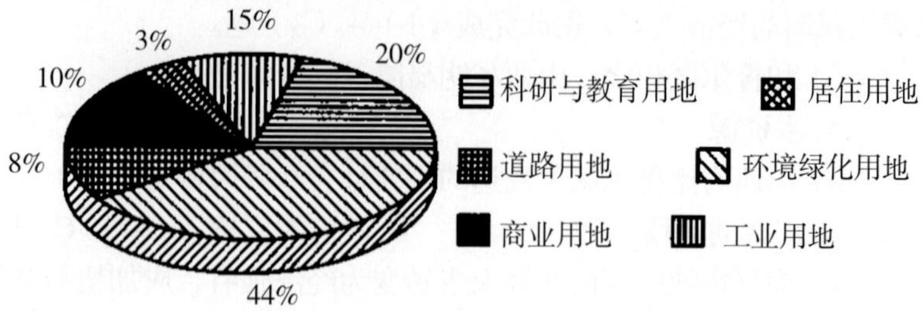

乙

（1）该高科技园区的核心区是______功能区，其环境绿化用地比例大，主要原因是______。

（2）除环境绿化用地外，该高科技园区用地所占比例最高的是________________用地，其主要原因是________________。

（3）高科技产业地域分布一般具有集聚的特点，这有利于________________。

2. 现代经济发展虽然对自然条件的依赖性有所减弱，但由于受产业传统和其他社会因素的影响，各国各地区仍表现出一些各具特色的经济地域类型。读右图，完成（1）~（3）题。

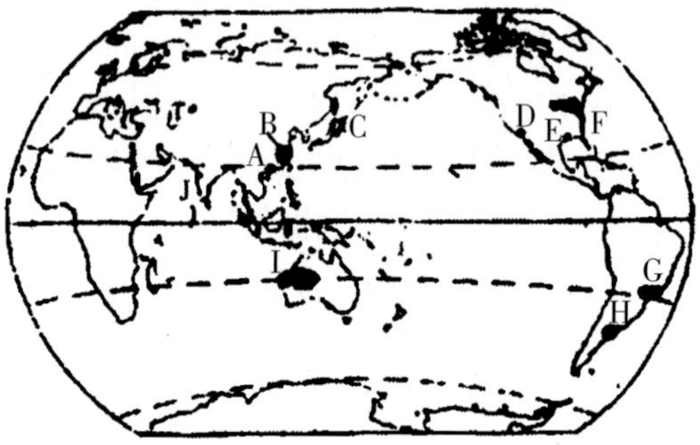

（1）一些大河河口地区通过发展江海联运，形成了著名的港口城市，如图中的______、______（填写图中字母）处。

（2）有的地方依托附近矿产发展重工业，如图中的______（填写图中字母）处。

（3）有的地方成为著名的高新技术产业区，如图中的______（填写图中字母）处，其原因是________________。

3. 读下图甲、乙两工业基地略图，完成（1）~（3）题。

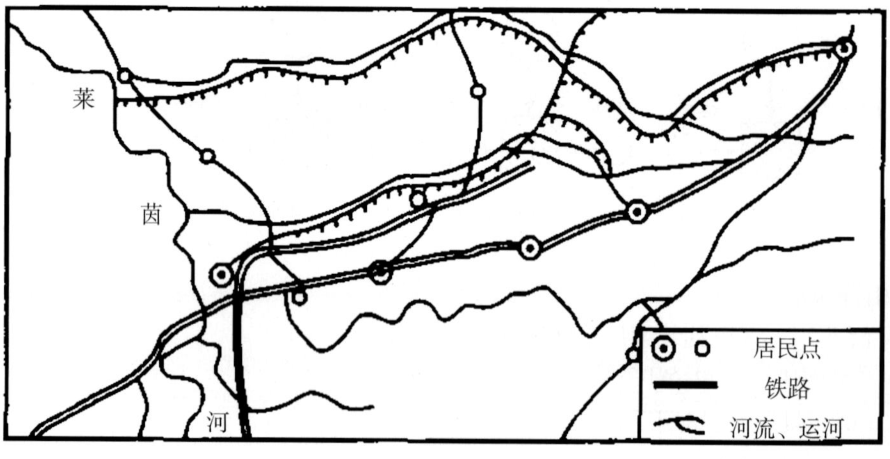

甲

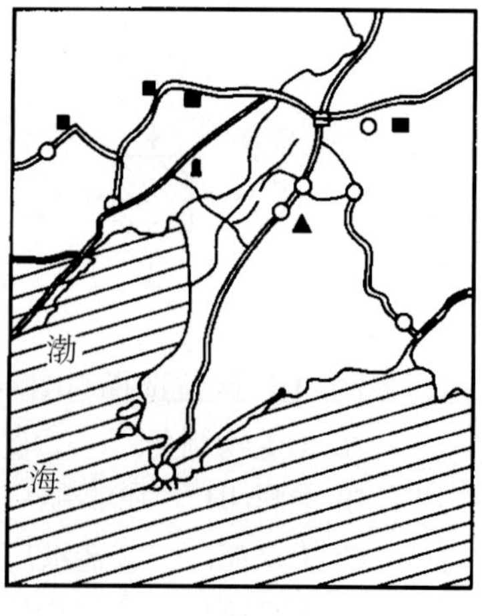

乙

（1）甲、乙两工业基地发展的共同区位因素是______。

（2）两工业基地发展的不同区位因素是：甲工业基地______，乙工业基地______。

（3）乙工业基地当前发展中遇到一些困难，你认为今后应采取哪些方面的措施才能实现振兴？

第三节　中国的工业（选学）

我国近代工业开始于19世纪40年代，从1843年在上海出现第一家现代企业，到新中国成立，经历了100多年时间。旧中国工业一直受着外国资本和官僚资本的控制，发展十分缓慢。

新中国成立后，我国的工业建设发生了令人瞩目的巨大变化。

1. 我国主要工业部门

（1）电力工业。电力工业是输送和分配电能的工业部门。

我国电力工业主要有火电和水电两种形式。火电是我国电力工业的主体，其装机容量大约占总装机容量的2/3。我国的大型火电厂主要分布在北方地区。它们大多或接近耗电中心，或地处煤炭、石油基地，或二者兼而有之。与火电厂主要集中在北方的情况相反，我国的水电站则主要集中在南方。

近几十年来，我国电力工业不仅在火电和水电方面加快了发展步伐，同时重视开发、利用多种能源发电。比如，风能、地热、沼气、核能、太阳能等能源都有不同程度的开发。

（2）冶金工业。冶金工业是对矿石进行采掘、精选、烧结、冶炼和把金属轧制成材的工业部门。钢铁工业是冶金工业的一个重要部门。发展钢铁工业需要种类繁多的原料和燃料，其中最主要的是铁矿石和炼焦煤。我国铁矿石和炼焦煤的储量丰富，而且不少焦煤田的分布地区，与铁矿资源的分布地区接近，为发展钢铁工业，尤其是建设大中型钢铁工业基地，提供了有利的资源条件。但是，我国铁矿石贫矿多、富矿少，给分选冶炼带来了一定的难度。

在钢铁工业布局方面，我国不仅在沿海地区加强和发展了鞍（山）本（溪）、京津唐、上海钢铁基地，还在内地新建和扩建了包头、太原、武汉、重庆、攀枝花等大型钢铁基地。此外，还有许多中小型钢铁厂遍布全国各地。

（3）机械工业。机械工业是以机械加工为主要工艺的生产技术装备的工业部门，包括工业设备、农业机械和运输机械等，被誉为“工业的心脏”。

机械工业在地区布局上，沿海地区原有的基地得到了充分利用和合理发展，内地兴建了一系列新的基地和中心，在全国范围内形成了上海、北京、哈尔滨、长春、太原、洛阳、武汉、重庆、成都、西安和兰州等一批大型机械工业生产基地。

（4）纺织工业。纺织工业是把天然纤维和化学纤维加工成各种纱、丝、线、绳、织物及其染整制品的工业部门。我国有发展纺织工业的有利条件：其一，既有丰富的天然纤维原料，如棉花的产量居世界第一位，也有多种多样的化纤原料；其二，劳动力资源丰富，可以满足纺织业这种劳动密集型行业对劳动力的需求；其三，我国是世界上人口最多的国家，为纺织工业发展提供了极其广阔的市场。如今，我国已形成了门类齐全、完整的纺织工业体系，布、丝、绸等的产量在80年代已居世界第一位。

在纺织工业布局方面，除加强了上海、天津、青岛、无锡等老基地的生产能力以外，更主要的是在接近棉花产地或消费市场的广大内地，建立了北京、石家庄、邯郸、郑州、西安、武汉、成都、乌鲁木齐等新棉纺织工业中心。此外，在接近羊毛产地的乌鲁木齐、银川、西宁、林芝等地，建立了新的毛纺织工厂。

2. 我国主要工业区

工业区又可称为工业基地。工业基地有：辽中南工业基地，京津唐工业基地，沪宁杭工业基地，珠江三角洲工业基地。

（1）辽中南工业基地。是我国最重要的经济区和重工业基地之一，也是我国最大的重工业基地。

辽中南工业基地是我国著名的重工业基地。区内丰富的煤、铁、石油资源、便利的交通和良好的工业基础为发展重工业提供了有利的条件，其中鞍山—本溪的钢铁工业、沈阳的机械工业、大连的造船工业和石油加工工业等一批工业企业，都是国家重工业的骨干。存在的问题是污染严重以及能源与水资源的不足。

（2）京津唐工业基地。是一个在煤、铁、棉、盐资源基础上发展起来的综合性工业基地，是我国北方最大的综合性工业基地。

农业生产稳固发达，基础工业实力强大，工业体系门类齐全，特别是石油工业、煤化工业、冶金工业、海洋化工、机械、电子工业等都很发达，是我国北方最大工业密集区。全国第二大综合性工业基地。

文化科技发达，人力资源素质较高，研究开发潜力巨大。京津地区是全国知识最密集的区域，能够提供经济发展所需的各类高级人才。

本区经济发展所遇到的最大问题是水资源和能源紧缺，此外，国有大中型企业活力不足，产业结构转换艰难也是区域经济开发中出现的主要问题。

（3）沪宁杭工业基地。从历史发展过程看，这一工业基地是凭借得天独厚的优越交通位置发展起来的工业基地。

该基地交通便利，人才资源雄厚，对国外投资者有极大吸引力，有中国“金三角”之称。1997年，长江三角洲地区已成为世界六大超级城市群之一。

该基地除马鞍山外，矿产资源、能源均明显不足。它是原材料、能源的巨大消费市场，同时还是附近地区经济发展“龙头”。

（4）珠江三角洲工业基地。是我国人口、城镇密集，经济发达的地区之一，也是我国对外开放的前缘地带。

珠江三角洲是著名的侨乡，与港澳同胞、海外华侨有着共同的文化背景和密切的血缘关系。改革开放的优惠政策，吸引了大量的外资，促进了本区的发展。

珠江三角洲工业基地是我国重要的轻工业基地。现在，这里已经形成了以轻工业为主、重化工业较发达、工业门类较多、产品竞争能力较强的工业体系，成为全国重要的新兴电子工业基地。

3. 我国主要工业地带

20世纪80年代以来，随着5个特区和14个沿海开放城市的设立，沿海地带的工业发展进入了一个新阶段。

（1）长江沿岸工业地带。长江是我国内河运输的主要航线，素有“黄金水道”之称。

水能、航运、丰富的有色金属矿产资源、丰富的农业资源、多层次的大量劳动力资源，标志着该地带工业发展具有极大的潜力。它是沿海经济向我国内地辐射的最便捷区域。

（2）陇海—兰新工业地带。从连云港至阿拉山口的“亚欧第二大陆桥”东段，正在发挥出连接我国沿海地带和西北内陆地区的纽带作用。

兰州、西安、金昌、酒泉、乌鲁木齐等地将迅速成为中国西北的大型工业中心，并将在促进我国与中亚、欧洲各国贸易往来中发挥其重要作用。

旧中国的工业分布不平衡，大部分工业集中在沿海的大连、天津、青岛、上海、广州等几个城市。广阔的内地，除沈阳、武汉、重庆等少数城市外，现代工业很少。农村只有少数手工业作坊。

新中国成立后，经过几十年的建设，我国工业的分布发生了明显变化。一方面，加强了沿海地区原有工业的作用；另一方面，在广大内地大力建设了新的工业中心和工业基地。例如，哈尔滨、武汉、西安、兰州、成都、重庆等城市，都是内地新建或扩建的工业中心；山西能源基地、西昌卫星发射基地等都是新建设起来的工业基地。乡镇企业遍地开花，一方面使工业在全国范围内得到了迅速的发展；另一方面极大地促进了农村经济乃至整个国民经济的发展。

高新技术产业是建立在新的科学技术基础上的新兴产业，经济增长速度快，产品更新换代快，是构成一个国家综合国力的主要因素。高新技术产业要求布局在技术发达、知识密集、人才聚集的地域，一般都要依附于一批大专院校和科研机构。

随着国家西部开发战略的实施，我国中部和西部地区的高新技术产业也迎来了良好的发展机遇。武汉、重庆、成都、西安、兰州将建成中西部高新技术产业中心。

第十章　交通运输业

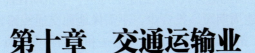

交通是运输和邮电的总称。运输是人和物借助交通工具的载运，产生有目的的空间位移；邮电则是邮政和电信的总称。交通运输业指国民经济中专门从事运送货物和旅客的社会生产部门，包括铁路、公路、水运、航空等运输部门。

第一节　几种交通运输方式

现代交通运输是由铁路、公路、水运、航空和管道五种运输方式构成的系统。它们共同承担客、货的集散与交流，在技术与经济上又各具特点，根据不同自然地理条件和运输功能发挥各自优势，相互分工、联系和合作，取长补短，协调发展，在我国经济建设中起到了重要的保障作用（图10.1）。

图10.1　五种现代交通运输方式

铁路运输是利用列车运送客货的运输方式。它的优点是：①客货运量大，尤为适宜大宗的笨重货物长距离运输；②运输速度快，火车时速一般高于船舶与汽车，特别在长途运行中发挥充分；③受自然条件限制较小，连续性强，高速、准时，可靠性强；④运输成本低，能耗低；⑤安全、平稳。缺点是：①投资高；②建设周期长。

公路运输与其他运输比较，它的优点是：①投资少，见效快，经济效益高，可以说是公路运输的最大优点；②机动灵活，货物损耗少，运送速度快，可以实现门到门运输；③随着高速公路的出现，运输速度显著提高，运量明显增大。缺点是：①运输能力小；②运输能耗很高；③运输成本高；④劳动生产率低。

水运是以船舶在江、河、湖泊、人工水道及海洋运送客货的运输方式。它的优点是：①运输能力大，且适宜进行长途运输及特大件货物运输；②运输条件良好的航道，通过能力几乎不受限制；③投资省，尤其在节约土地方面较铁路与道路运输经济效益明显；④劳动生产率高；⑤运输通用性能好。既可客运又可货运；⑥运输成本低。缺点是：①受自然条件影响大，受通航水道和气象因素的制约；②航行速度较慢。

航空运输是依靠以飞机为主的各类航空器实现客货运送。与其他运输方式相比，它的优点是：①运行速度快，运程直接，并可抵达地面运输方式难以到达的地区；②机动性能好；③运输能耗很高，具有显著的舒适性和相对安全性；④基建周期短，投资少，不需像地面交通线路建设那样大量的基建费用。缺点是：①运载量小，营运成本高，故只适合于远距离的客运和急需物资、贵重物品、时间要求紧等情况的小批量货运；②飞机造价高、技术复杂。

管道运输是利用封闭管道，以重力或气压动力连续运送特定货物的运输方式。它的优点是：①运量最大，连续不间断，一条输油管道的运量相当一条铁路全年的运量；②运距短，占地少，因埋设于地下，线形的灵活性较大；③耗能与费用低，在各种运输方式中最低的；④受气候和季节影响小；⑤沿程无噪声、污染，安全性好；⑥可远程控制，自动管理，维修量小，因而劳动生产率高。缺点是：①专用性强，运送货物类别单一；②管道起输量与最高运输量间的幅度小，因此，在油田开发初期，采用管道运输困难时，还要以公路、铁路、水陆运输作为过渡。

交通运输作为一种空间移动的特殊生产，其基本要求是安全、迅速、经济、便利。各种运输方式中，铁路的技术设备最多，需投入的人力、物力、资金都很大，而且工期也很长；相对而言，水上运输利用天然河道，其路线设备投资最低；道路运输则介于两者之间。

一般来说，水运及管道运输成本最低，速度较慢；其次为铁路、公路，航空运输的成本最高，速度最快。

各种运输中，道路运输机动灵活，适用交通服务对象的面广，其方便性最好，是一种唯一能够实现“门到门”和“面”上运输的运输方式。航空运输速度快，是最方便的客运方式。

今日世界，面对不同地区之间人们交往和经济联系越来越密切的现实，发展综合运输和提高运输效率成为现代交通运输的发展趋势。

读一读

高速铁路

高速铁路是指通过改造原有线路（直线化、轨距标准化），使营运速率达到每小时200千米以上，或者专门修建新的“高速新线”，使营运速率达到每小时250千米以上的铁路系统。高速铁路除了在列车在营运达到一定速度标准外，车辆、路轨、操作都需要配合提升。

1964年，日本建成世界第一条最高时速达210千米的新干线。20世纪90年代初我国的第一条准高速的铁路是广州—深圳。

中国的高速铁路的建设始于1999年所兴建的秦沈客运专线。经过10多年的高速铁路建设和对既有铁路的高速化改造，中国目前已经拥有全世界最大规模以及最高运营速度的高速铁路网。

京津城际高铁是中国第一条具有自主知识产权、运营速度是世界最快的高速铁路，不仅使北京和天津这两个人口超过千万的大城市间形成“半小时交通圈”，实现了同城化，同时也打开了中国铁路迈向“高速时代”的大门。

作为中国第一条真正意义上的高速铁路，京津高铁从一问世就站在世界前沿，创造了运营速度、运量、节能环保、舒适度、经济效益五个世界第一。中国仅仅用了五年时间，就跨越了发达国家半个世纪的高速铁路发展历程（图10.2）。

图10.2 法国高速铁路

集装箱运输

集装箱运输，是指以集装箱这种大型容器为载体，将货物集合组装成集装单元，以便在现代流通领域内运用大型装卸机械和大型载运车辆进行装卸、搬运作业和完成运输任务，从而更好地实现货物“门到门”运输的一种新型、高效率和高效益的运输方式。

集装箱运输有利于实现杂件货物装卸的自动化和机械化，提高装卸效率，节省劳动力，加速车船周转，提高港口、车站的通过能力，并保证货物的质量，这种专业化运输，首先在英国出现，后来相继传到美国、德国、法国及其他欧美国家。目前，已遍布世界各国（图10.3）。

图10.3 锦州港集装箱码头

磁悬浮列车

图10.4 磁悬浮列车

磁悬浮列车是一种靠磁悬浮力（即磁的吸力和排斥力）来推动的列车。由于其轨道的磁力使之悬浮在空中，行走时不需接触地面，因此其阻力只有空气的阻力。磁悬浮列车的最高速度可以达每小时500千米以上，比轮轨高速列车的300多千米还要快速。磁悬浮技术的研究源于德国，早在1922年德国工程师赫尔曼·肯佩尔就提出了电磁悬浮原理，并于1934年申请了磁悬浮列车的专利。

磁悬浮列车具有高速，低噪音，环保，经济和舒适等特点。当磁悬浮列车时速达300千米以上时，噪声仅相当于一个人大声地说话；由于它以电为动力，在轨道沿线不会排放废气，无污染，是一种名副其实的绿色交通工具（图10.4）。

练一练

一、选择题

1. 从大庆运输一批石油到上海，目前最适宜的运输方式是（ ）

A. 铁路运输　　B. 管道运输　　C. 海洋运输　　D. B和C

2. 运具与线路合二为一的运输方式是（ ）

A. 铁路运输　　B. 公路运输　　C. 航空运输　　D. 管道运输

3. 磁悬浮列车是一种理想的交通工具，其优点有（ ）

①运量小，运速快　②安全、平稳　③高速、节约能源　④投资风险大，造价高

A. ①③　　B. ①②　　C. ②③　　D. ①④

4. 我国货运按运输距离的远近划分为短途、中途、长途货运，从运费考虑，长途货运宜选择（ ）

A. 水运　　B. 铁路运输　　C. 公路运输　　D. 航空运输

二、填空题

右图为“欧洲货物四种运输方式的运费与运距相关曲线示意图”，读图完成（1）~（4）题。

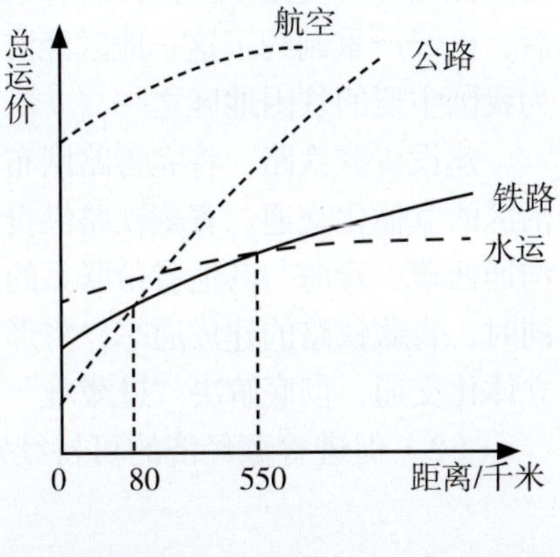

（1）运距小于80千米时，最廉价的运输方式是______。

（2）运距大于80千米且小于550千米时，最廉价的运输方式是______。

（3）运距大于550千米时，最廉价的运输方式是______。

（4）最昂贵的运输方式是______，它适合运送的货物特点是______。

第二节　影响交通运输布局的因素

一、交通运输业的概念

现代交通运输业是一个有机联系的生产体系，这个体系就像人体中的血管一样，形成一个网络，叫做交通运输网（图10.5）。

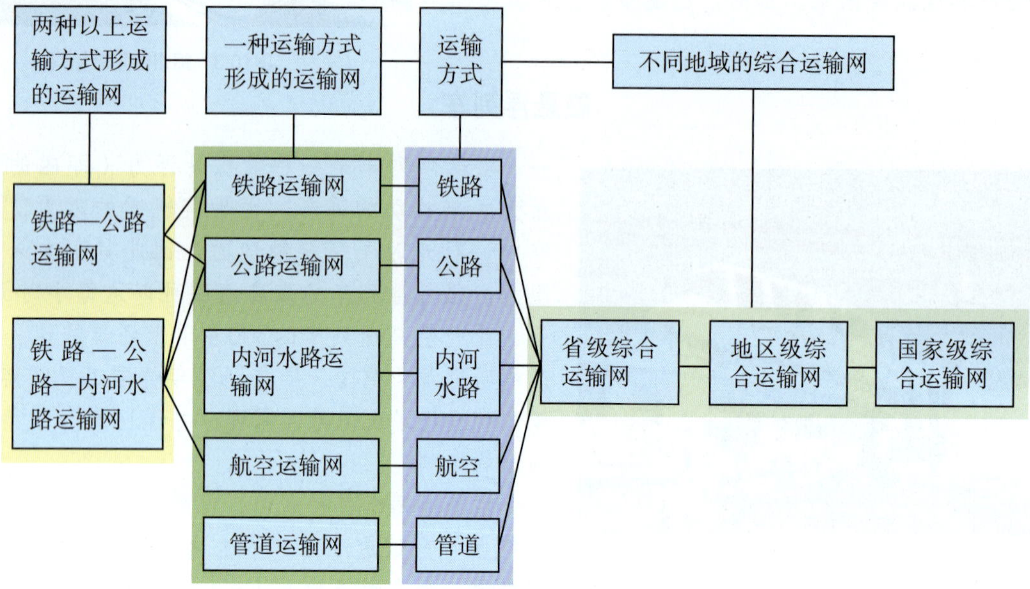

图10.5　交通运输网的形式和层次

二、交通运输线和点的区位选择

交通运输网中的线和点是交通运输发生的基本要素。交通运输线和点虽然有不同的类型，但是它们的布局都要受到经济、社会、技术和自然等因素的影响和制约。

1. 交通运输线的区位选择

不同的交通运输线，有着不同的区位因素。下面以青藏铁路为例，分析影响铁路区位的主要因素。

青藏铁路是2006年我国在青藏地区新开通的一条现代化铁路，是西部大开发的标志性工程。青藏铁路起自青海省西宁市，终抵西藏自治区首府拉萨市，全长1956千米，穿越海拔4000米以上有960千米（图10.6）。建设青藏铁路有以下原因和条件。

（1）合理布局铁路网，使我国各个省、市、区铁路四通八达。在2006年青藏铁路全线开通以前，西藏自治区是我国唯一不通铁路的省级行政区。交通运输设施的落后，已经严重制约了这一地区经济、社会的发展，使之成为我国主要的贫困地区之一。

建设青藏铁路，将完善路网布局，并一举实现西藏自治区的立体化交通。青藏铁路纵贯青海、西藏两省区，是沟通西藏、青海与其他省份联系的具有战略意义的通道，同时，青藏铁路的建成通车，将形成铁路、公路和航空的立体化交通，彻底解决“进藏难”、“出藏难”的问题。

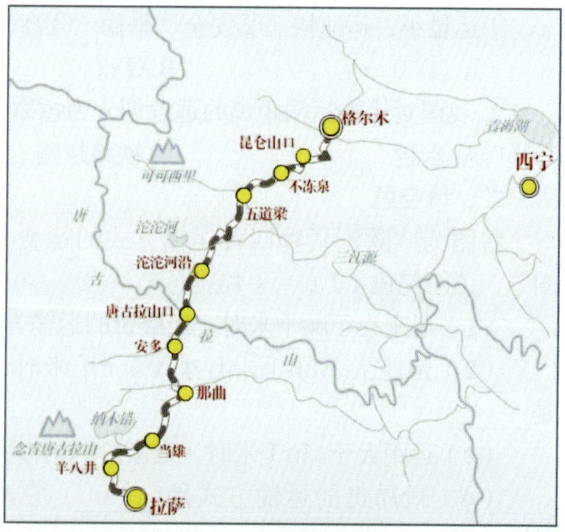

图10.6　青藏铁路线路图

（2）促进青藏经济的可持续发展。建设青藏铁路，将对青海、西藏两省区的经济发展提供更广阔空间，使其优势资源得以更充分发展。

青藏铁路的修建通车，将成为西藏现代化发展的“助推器”。青藏铁路将西藏市场与全国统一的大市场紧紧连接在一起，从而大大降低西藏生产生活资料的成本，使高原广大农牧民群众直接受益。特别是西藏的旅游业、藏医药业、矿业、农畜产品加工业、民族手工业以及高原生物等高原特色产业将步入可持续发展的良好轨道，形成新的经济增长点，并与青海等毗邻省区联动发展，从而孕育青藏高原经济带的形成。

（3）促进各民族间的交流，增强民族团结。青藏铁路的建设可使藏族同胞更方便地与全国人民交往，促进民族团结。有利于西藏人民生活水平的提高和全国人民的共同富裕；有利于我国边疆的稳定和国防的加强；有利于少数民族人民当家做主地位的体现和国家政权的巩固。

（4）青藏铁路科技含量高，代表当今世界高原铁路建设的领先水平。青藏铁路建设面临着多年冻土、高寒缺氧、生态脆弱“三大难题”的严峻挑战，工程艰巨，要求很高，难度很大。从青海省西部柴达木盆地内的新兴工业城市格尔木，翻越唐古拉山，再经西藏北部高原，一路向南到达拉萨。它穿越550多千米的多年冻土地段，沿线常年平均气温在0℃以下，空气中的含氧量极低。其中翻越唐古拉山最高点海拔达到5072米，是目前世界上海拔最高的铁路。在这种条件下修铁路，必须依靠科学技术，攻克许多罕见的科技难题才能建成（图10.7、图10.8）。

图10.7　天路

10.8　清水河特大桥

（5）青藏铁路是环保投入最多的铁路建设项目。青藏高原是巨川大河的发源地，也是世界山地生物物种的重要起源中心，生态环境原始、独特而脆弱。为解决“生态脆弱”这一难题，铁路在设计时就注意尽量减少对生态的影响。在自然保护区内，铁路线路遵循“能绕避就绕避”的原则进行规划。青藏铁路仅环保投入就达20多亿元，是目前我国政府环保投入最多的铁路建设项目，并在全国工程建设中首次引进环保监理，首次与地方环保部门签订环境保护责任书。

从青藏铁路的建设可以看出，经济社会因素是主要决定因素——资源丰富，人口稀少，生活贫困；科技因素是保证因素——攻克许多罕见的科技难题；自然条件因素有一定制约作用——高原缺氧、冻土和生态环境脆弱；政治因素有重要影响——维持青藏地区的稳定，增强民族交流和团结，确保国家和谐稳定发展。

想一想

读“青藏铁路线路图”，回答下列问题。

1. 青藏铁路的长度是多少？经过哪些省区？
2. 青藏铁路穿越哪些江河、湖泊？
3. 青藏铁路沿线有哪些矿产资源和旅游资源？
4. 青藏铁路建设要克服哪些自然环境问题？

读一读

京九铁路

京九铁路是我国目前仅次于长江三峡工程的第二大工程，投资最多，一次性建成双线线路最长的一项宏伟工程。

京九铁路北起北京，南至深圳，与香港九龙相连，正线全长2381千米，加上天津至霸州75千米和麻城至武汉80千米两条联络线，总长2536千米。

京九铁路沿线物产丰饶。线路经过的华北平原和江淮平原，沃野千里，农业发达，历来是我国重要的粮棉产区，盛产小麦、棉花、花生、芝麻、烤烟等粮食作物和经济作物。

铁路所经之地，矿藏也十分丰富。线路北段有华北油田和中原油田，大别山一带的金属和非金属矿藏很多，有铁、铬、钛、锰、铝和珍珠岩、蛇纹石等。

大别山、赣南和粤东北地区还有丰富的森林资源。有松、杉、柏、樟、毛竹等，分布面广，质地优良。还有久负盛名的柑橘、猕猴桃等果木。

2. 交通运输点的区位选择

交通运输点的区位选择同样也要受社会经济、技术、自然等因素的影响，但是不同的点主导因素是不同的。如对港口来说，自然因素起决定作用；而对火车站、汽车站、航空港来说，社会经济因素起主导作用。从总体上说：点的区位选择需要考虑以下因素：火车站、汽车站、航空港需要考虑场所条件、交通条件、客货流集中程度等，港口需要考虑自然条件（水域、陆域）、经济腹地、城市等。以上海港为例，分析上海港成为我国第一大港的区位条件。

（1）地理位置。上海港是我国大陆海岸线的中枢，扼长江入海口，是长江三角洲上的一个河口港，也可兼作海港，主要港区沿黄浦江分布。这种濒海临江的地理位置，使之成为一个重要的水陆交通枢纽。

（2）自然条件。上海港的自然条件有利有弊。陆域地形条件：长江三角洲地势平坦开阔，为港口设备、建筑以及上海市进行合理的平面布置提供了有利条件。水域方面：长江、黄浦江一方面为港口提供淡水；另一方面河流入海处江面开阔，保证了船舶入港航道应有的宽度和大量船舶抛锚所需的空间。其不利之处在于长江三角洲坡度极缓，水流分支多，致使河道流量分散，来自河流中上游的泥沙容易淤塞航道。上海港地处我国亚热带季风气候区，最冷月气温在0℃以上，无结冰期，便于通航（图10.9）。

图10.9 上海港码头

（3）经济腹地。上海港的经济腹地宽广，包括川、渝、鄂、湘、赣、皖、苏、沪等省市；腹地内人口稠密、物产富饶，是中国经济最发达的地带。上海港又通过长江干支流、铁路（如京沪、沪杭线）、公路（如沪宁杭高速公路），同全国各地相连接，集散大量客货流，港口吞吐量大。

（4）城市依托。上海港以上海市为依托。上海市是我国最大的综合性工业城市和外贸基地，人、财、物的优势对港口的建设和发展具有重要作用。

2002年12月3日，国际展览局第132次大会经投票决定，中国的上海获得了2010年世界博览会的主办权，上海再次成为世人瞩目的城市。100多年来，上海市的发展能够达到令世人瞩目的地位，很重要的原因之一是它有全国最大的港口——上海港。

第三节 中国的水、陆、空（选学）

一、中国的水运

我国曾是海运发达的国家。但从明朝中后期开始，闭关锁国，海运衰败。新中国成立后，海运事业获得新生，飞速发展。目前，我国已成为海运大国之一，并能制造10万吨级的海轮。沿海有200多个万吨级以上的深水码头。

我国海运可分为沿海航线和远洋航线。沿海航线分为北方沿海航区和南方沿海航区。

北方沿海航区，以上海、大连为中心，主要海港有：秦皇岛、天津、烟台、青岛、连云港、宁波等。南方沿海航区，以广州为中心，主要海港有：厦门、汕头、湛江、海口等。

我国远洋航线以上海、大连、秦皇岛、天津、青岛、宁波、广州、湛江等沿海开放港口城市为进出口岸。它们同世界上150多个国家和地区的重要港口有航运联系。我国远洋运输总载重吨位已跃居世界第二位。我国的远洋航线分为东行、西行、南行和北行航线。

东行航线可到达日本，横渡太平洋可以到达美洲各国港口；西行航线可到达东南亚、南亚、西亚、非洲和欧洲各港口；南行航线可到达南亚、大洋洲各港口；北行航线可到达韩国以及俄罗斯远东沿海港口。

截至2007年底，我国内河航道的通航总里程已经达到13.3万千米，位居世界内河第一。我国内河航线主要有长江、珠江、松花江、淮河和京杭运河。目前，长江、珠江、淮河水系河段均可通航，其中长江干线航道的年运输量超过11亿吨，相当于16条京广铁路的运量。

我国内河航道里程虽然跃为世界第一，但航道等级仍然偏低，航道的通过能力、整治标准、渠化程度还需要提高。同时，我国的航道运力分布也极不均衡，其中长江三角洲、珠江三角洲占据了我国航道运力的八成以上。

长江被称作我国的“黄金水道”，长江航道干流横贯东西，南北分布着许多支流。它是我国内河航运的大动脉。重庆、武汉、南京、上海是长江沿岸的重要港口。随着改革开放的深入，长江沿岸的南京、武汉、镇江等13个港口对外开放，极大地促进了沿江外向型经济的发展。

京杭运河航道，沟通了从海河到钱塘江的五大水系。这条运河是世界上最长的人工运河，也是我国一条主要的南北内河航线。在历史上是我国最重要的运输航道，以运粮北上为主。现在，黄河以北的运河绝大部分河段已不通航；黄河以南从山东济宁至江南的航运承担向南运煤炭，向北运工业品的运输任务，其货运量仅次于长江，居内河运输的第二位。

珠江航道通航里程居全国第二，仅次于长江。西江是珠江水系的主干，它对沟通广西、广东各地与沿海地区的物资交流发挥着重要作用。广州是珠江水运的中心。

二、中国的铁路和公路

铁路是国家的重要基础设施、国家的大动脉、大众化交通工具。在综合交通体系中处于骨干地位，没有铁路的现代化就难以实现国家的现代化。中国幅员辽阔、内陆深广、人口众多，资源分布及工业布局不平衡，铁路运输在各种运输方式中占有的优势更加突出，在经济社会发展中具有特殊重要的地位和作用。

中国公路汽车运输在整个交通运输中占有特殊地位。在中国东部铁路和水运都较发达的地区，公路起着辅助运输作用，承担短途运输；在西南和西北地区则担负着干线运输的任务。

1. 中国的铁路

新中国成立前，我国的铁路营业里程只有2.2万千米。这些铁路大多集中在东北和沿海地区，广大内地铁路很少，宁夏、青海、新疆、西藏没有一寸铁路。新中国成立以来，我国新建了许多铁路干线，特别是近30年来铁路营业里程增长很快，在大陆上形成了连接祖国各地的铁路网。随着青藏铁路的通车，全国各省、自治区、直辖市都有了铁路。铁路运输是我国最重要的运输方式。至2009年底，中国铁路营业里程达8.6万千米，居亚洲第一位，世界第二位。

读一读

中国主要铁路干线

我国铁路基本形成以北京为中心的四纵：即京沪线、京广线、京九线、北同蒲—太焦—焦柳线；三横：即京秦—京包—包兰—兰青—青藏线、陇海—兰新线、沪杭—浙赣—湘黔—贵昆线；三网是指西南铁路网、东北铁路网和台湾铁路网；关内外三线是指京沈线、京通线和京承—锦承线。

1. 京沪线

京沪铁路北起北京，经天津、德州、济南、兖州、徐州、蚌埠、南京、无锡、苏州，南达上海，全长1462千米，是我国东部沿海地区的南北交通大动脉。

2. 京广线

京广线北起北京，南止广州，连接华北平原、长江中下游平原、珠江三角洲，全长2324千米。京广线是我国关内地区主要的南北向铁路，为我国铁路网的中轴。

3. 京九线

北起北京，经天津、河北、山东、河南、安徽、湖北、江西、广东，南至香港九龙，全长2364千米。京九线是我国铁路建设史上规模最大、投资最多，一次建成里程最长的铁路干线。它的建设对推动革命老区经济发展，加快老区人民脱贫致富，促进港澳地区稳定繁荣，具有十分重要的意义。

4. 北同蒲—太焦—焦柳线

北同蒲线是指大同到太原这一段铁路。太焦线从太原经长治到焦作。焦柳线自焦作经襄樊、枝城、怀化到柳州。北同蒲—太焦—焦柳线是一条与京广线平行的南北向的交通大动脉，全长2395千米。

5. 京秦—京包—包兰—兰青—青藏线

这是我国北部地区一条重要的东西向铁路干线。东起秦皇岛，经丰润到北京的铁路线为京秦线；从北京向西经张家口、大同、集宁、呼和浩特到达包头的铁路线为京包线；从包头向西经银川到兰州的铁路为包兰线；自兰州到西宁的铁路线为兰青线；从西宁经格尔木到拉萨的铁路为青藏线。

6. 陇海—兰新线

陇海线东起连云港，西止兰州，全长1754千米，沿线经过徐州、商丘、开封、郑州、洛阳、孟塬、西安、咸阳、宝鸡、天水等重要城市。

兰新线起自兰州，向西经张掖、酒泉、嘉峪关、吐鲁番、乌鲁木齐、昌吉、石河子、乌苏、博乐至阿拉山口，全长2459千米。

陇海—兰新线横贯我国中部地带，把经济发达的东部沿海地区与西北边疆地区连接起来，是一条具有重要经济、政治、国防意义的铁路干线。

7. 沪杭—浙赣—湘黔—贵昆线

沪杭—浙赣—湘黔—贵昆线组成了一条横贯我国江南地区的东西向交通大动脉。它东起上海，西到昆明，全长2598.5千米，贯通上海、浙江、江西、湖南、贵州和云南五省一市。这条铁路线对加强华东、中南和西南地区的经济联系具有重要的作用。

8. 西南铁路网

西南铁路网由连接区内的成昆线、成渝线、川黔线、贵昆线等四条铁路和连接区外的宝成线、襄渝线、湘黔线、黔桂线和南昆线等五条铁路组成。

西南铁路网区内的四线环通，成都、重庆、昆明、贵阳各占一角，把云南、贵州、四川和重庆三省一市连接起来。

9. 东北铁路网

东北地区是我国铁路最稠密的地区。东北铁路网是以南北向的哈大线和东西向滨洲线、滨绥线为“丁”字形骨架。哈大线纵贯全东北，穿越富饶的松辽平原，连接哈尔滨、长春、沈阳三省会和出海口大连港，长946千米。是整个东北地区经济发展的重要支柱和客货运输的主要通道，也是全国最繁忙的干线之一。

滨洲线西起满洲里，中经海拉尔和齐齐哈尔，到哈尔滨，长956千米。滨绥线由哈尔滨经牡丹江到绥芬河，长381千米。滨洲线和滨绥线分别在满洲里和绥芬河与俄罗斯的铁路接轨。是我国东北北部地区重要的东西向运输干线。

10. 沟通关内外的三条干线

京沈铁路是连接关内外的主要铁路线。它起自北京，经天津、唐山、秦皇岛，出山海关，过锦州，到达沈阳，全长850千米。

京承—锦承线起自北京，经承德到达锦州，是京沈铁路的重要辅助线。

京通线由北京郊区昌平出发，经内蒙古赤峰到通辽。京通线是连接关内外的第二条重要的铁路通道，为连接东北西部地区与华北地区的一条捷径。

2. 中国的公路

新中国成立以来，我国的公路营业里程增长很快，由1949年的8.1万千米增长到1980年的88.3万千米。截至2007年底，全国公路总营业里程达到358万千米，村道也达到520万千米，高等级公路占全国路网总里程的10%多，路网密度达到了每百平方千米有37.33千米的公路。

自从1988年10月31日我国第一条高速公路——沪嘉高速公路建成通车，到2008年，中国高速公路建设已经走过20年历程。20年来，我国高速公路里程从零的突破增至6.03万千米，连续7年稳居世界第二，创造了世界道路建设史上的奇迹。

中国高速公路的高速发展，已经不仅是交通运输现代化的重要标志、一个国家现代化的重要标志，更重要的是它成为了一个深入人心的符号。近10年来，国际化和信息化成为中国高速公路发展的主旋律。相邻国之间合作修建高速公路，形成国际高速公路网，成为高速公路发展的大趋势。为了更好地发挥高速公路效益，加强国际之间的公路运输联系，中国正加强与国外高速公路的衔接，构建国际高速公路网。

三、中国的航空运输

新中国成立后，特别是改革开放以来，我国航空运输发展迅速，随着中国经济的快速增长，中国航空运输业发展速度将明显高于世界平均水平。2005年全行业航空运输总生产量达到261亿吨千米，旅客运输1.83亿人次，货运总数307万吨。中国航空运输总周转量、旅客运输量和货邮周转量（不含香港、澳门、台湾）的世界排名分列世界第二位、第二位和第四位。

2005年底，中国民航在国内通航132个城市，一共1024条，包括两个特别行政区，已经通航33个国家75个城市，国际航线达到233条，能够通往亚洲、非洲、欧洲、北美洲、大洋洲的许多国家的重要城市，也使北京、上海、广州成为我国重要的国际航空港。

四、交通运输布局变化产生的影响

1. 对聚落空间形态的影响

交通运输条件对聚落空间形态的影响表现在聚落形态往往以交通线为轴沿线扩展。例如，日本的筑波市，一条长达几千米的中轴路，决定了城市的狭长形态；我国东北的哈大铁路，以该铁路线为轴，聚集着东北的主要城市；湖南省株洲市是因铁路发展起来的城市，现已成为交通枢纽。

一个地区的交通运输线发生变化，会引起该地区聚落空间形态的变化。交通运输线的衰落，会影响聚落空间形态的演变。

2. 对商业网点的影响

交通运输对商业网点的影响表现在两方面，一是影响商业网点分布的密度；二是影响商业网点分布的位置。

便利的交通运输利于商品和人口的集散。河流入海口的平原地带，地势平坦，商业网点较密集。而在崎岖不平的山区，因交通线路少、运输方式单一等原因，商业网点密度较小。

商业网点位置的选择往往以交通最优为原则，因交通便利，购买者流量大，商业网点兴旺。在高速公路的两侧，分布着众多的商业网点。

练一练

一、选择题

右图为“我国某市城区规划图”，读图完成（1）~（3）题。

（1）有关图中富居家具城选址的叙述，正确的是（　）

A. 布局符合交通最优原则

B. 靠近居民区，便于扩大销售

C. 靠近家具生产厂，以减少运输费用

D. 靠近国道，便于产品出口

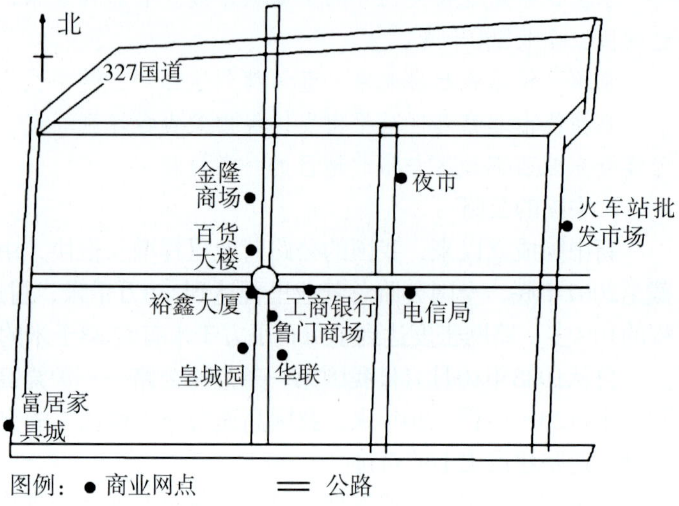

（2）图中百货大楼、裕鑫大厦、鲁门商场布局最突出的优势是（　）

A. 接近银行，便于金融流通

B. 位于市中心，消费人群集中

C. 相互靠近，便于互通有无

D. 该处地价高，可显现企业实力

（3）图中夜市形成的主要原因是（　）

A. 货源充足　　　　B. 人口集中

C. 交通便利　　　　D. 金融市场活跃

二、分析题

阅读资料，完成（1）~（4）题。

右图所示地区属于北温带季风气候区。当冷空气缓慢进入并滞留于图中某些地区时，气温下降致使水汽过度饱和会产生浓雾，并对人类的生产生活造成影响。

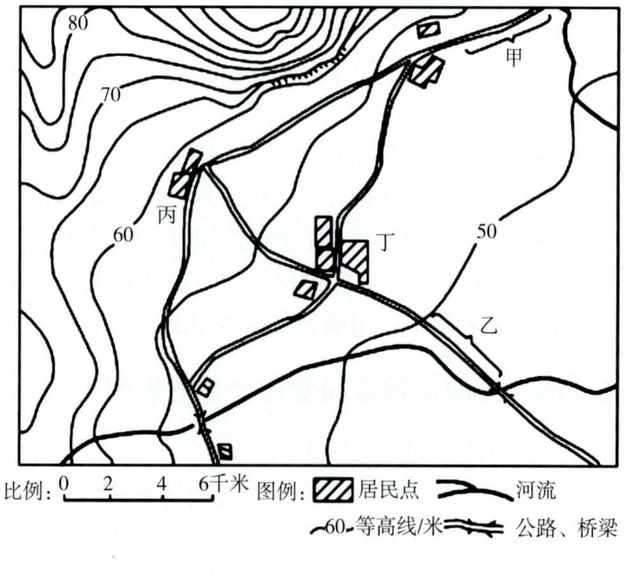

（1）甲、乙两段多发浓雾，试说明其原因。两路段中哪一段受浓雾影响频次更多，时间更长，为什么？

（2）图中居民点的分布有何特点？其主要影响因素是什么？

（3）随着人口的增加，丙村要扩建居民点。若只考虑沿着山前公路扩建，试比较说明在丙村东北方向和南偏西方向建设民居条件的差异。

（4）图中甲、乙、丙、丁四地点最易发展成商业中心的是______，试分析其原因。

第十一章　人地关系与可持续发展

第一节　人地关系的历史发展

人地关系是自人类起源以来就客观存在的关系。人类的生存和活动，都要受到一定的地理环境的影响。人地关系就是指人类社会向前发展的过程中，人类为了生存的需要，不断地扩大、加深改造和利用地理环境，增强适应地理环境的能力，改变地理环境的面貌，同时地理环境影响人类活动，产生地域特征和地域差异。人类对人地关系的认识也在实践中逐步发展和提高（表11.1、图11.1）。

表11.1　不同时期的人地关系

时　期	生产力水平	对人地关系的认识	人类活动	环境问题
采猎文明时期	低下且发展缓慢	人类听天由命，依赖和崇拜自然	采集和渔猎。人类改造环境的能力微弱，与环境保持原始平衡的关系	生物资源遭到破坏，引起物种灭绝。但环境问题对人类的威胁并不严重
农业文明时期	很大提高	不能正确认识人地关系的不协调，天命观和有神论主宰着人们的思想，但有了科学的萌芽	人类大规模地开发利用资源，与环境的对抗性明显增强	环境遭到破坏，如大规模地开垦耕地，使大面积森林和草原遭到砍伐和焚毁；农田扩展使生物多样性减少，生态系统变得日益简单和脆弱等
工业文明时期	极大地发展	人类试图成为自然界的主宰，征服自然	人类改造自然的能力不断壮大，从环境中获得越来越多的资源和能源，向环境排放大量的废弃物	人地关系全面呈现不协调，人地矛盾迅速激化。资源短缺和环境恶化逐步从局部扩展到全球

图11.1　人类改造自然

从表中我们可以看出，环境问题产生于人类的生产活动和生活活动，并随着生产力的发展而发展。随着社会生产力的发展，人类利用和改造自然的范围和程度逐步扩大，环境问题的内容和表现也在不断变化。解决人类与环境的矛盾，主要靠发展生产力。

人类对人地关系的认识是随着生产力的发展而不断深化的。例如，18世纪以来先后出现的环境决定论、人定胜天论和人地协调论等，就反映了近代人类对人地关系由浅入深、由片面到全面的认识过程。现在，人们逐渐认识到，环境问题的产生并不是不可避免的，随着人类的认识和技术水平的提高，通过发展生产力，最终可以实现人类和环境的协调。

第二节 人类与地理环境的相互影响

环境指周围事物的境况。人类是环境的组成部分，人类是生存在一定的环境之中，并且从环境中攫取资源维持生产和生活；同时人类在生产和生活中将产生的废弃物排到环境中。因此，人类的行为直接影响环境。

环境有自然环境与社会环境之分，自然环境是社会环境的基础，而社会环境又是自然环境的发展。

一、环境对人类的影响

自然环境是环绕人们周围的各种自然因素的总和，如大气、水、植物、动物、土壤、岩石矿物、太阳辐射等，这些是人类赖以生存的物质基础。通常把这些因素划分为大气圈、水圈、生物圈、土壤圈、岩石圈等五个自然圈。随着生产力的发展和科学技术的进步，会有越来越多的自然条件对社会发生作用，自然环境的范围会逐渐扩大。然而，由于人类是生活在一个有限的空间中，人类社会赖以存在的自然环境是不可能膨胀到整个自然界的。人类是自然的产物，而人类的活动又影响着自然环境。自然环境包括生态环境、生物与资源环境。

1. 生态环境

生态环境是指由生物群落及非生物自然因素组成的各种生态系统所构成的整体，主要由自然因素形成，并间接地、潜在地、长远地对人类的生存和发展产生影响。生态环境的破坏，最终会导致人类生活环境的恶化。因此，要保护和改善生活环境，就必须保护和改善生态环境（图11.2）。

图11.2 生态环境

2. 生物与资源环境

生物与资源环境与人类社会关系密切（图11.3、图11.4），是人类文明和社会进步的物质基础，是人类衣、食、住、行等生活需要的源泉。生物与资源环境是人类进行生产活动的对象，人类在开发利用资源的过程中，逐渐形成了以各种自然资源为劳动对象的农业、林业、牧业、渔业和矿业，而它们构

图11.3 生物环境

图11.4 资源环境

成了社会第一级生产，是其他社会生产的基础。

二、人类对环境的影响

读图11.5，我们得知，由于人类不断向环境索取资源，已经造成全球水资源、土地资源、矿产资源等资源短缺；对陆地、海洋生物的滥捕滥杀，对森林资源的乱砍滥伐，使生物多样性减少；对生态系统破坏表现在水土流失、土地沙化等问题。

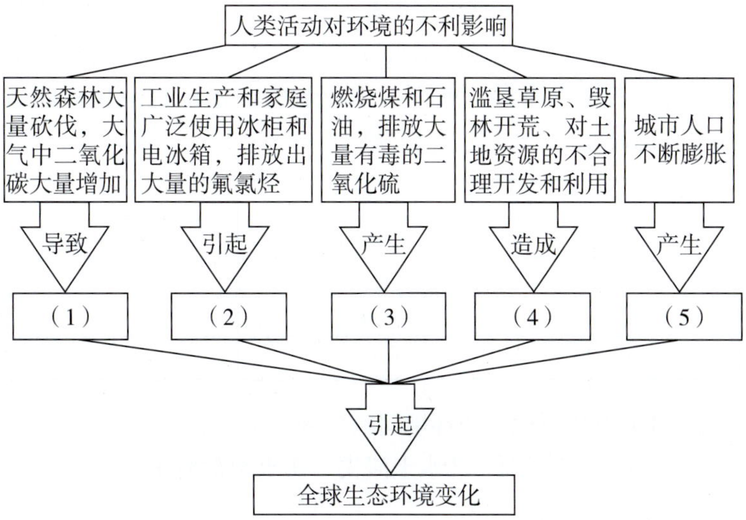

图11.5　人类活动对生态的破坏

环境对人类生产、生活排放的废弃物具有容纳和清洁能力，自然环境可以通过大气、水流的扩散、氧化以及微生物的分解作用，将污染物化为无害物，这种能力叫环境自净能力。当人类排放的废弃物数量超过了环境自净能力，就会形成环境污染。

最初，人类活动主要表现在影响了下垫面的面貌，从而引起局部地区气候的变化。随着人类社会的发展，其影响的广度和深度日益增加，人类活动对环境的影响日益扩大。人类在某些生产和生活活动中，为追求最大的经济效益，不惜破坏环境，也增加了全球的污染程度。

读一读

人类对水体的破坏

水域盐碱化现象在北方较为广泛，许多不耐盐的淡水生物逐渐消失，少数喜盐或耐盐种数量增长。碳酸钠型湖总碱度和pH的升高常先于盐度而威胁生物的生存，在同样盐度下，物种的丰富度远低于其他类型盐水湖。水草和鱼类对盐碱度的耐性低于藻类和无脊椎动物，在盐碱化过程中种数将首先减少。

练一练

一、选择题

1. “牧童经济”是一个生动的比喻，使人们联想起牧童在放牧时，只顾放牧而不管草原破坏的景象。它是英国著名的经济学家K.E.博尔丁提出的一种现有的对自然界进行掠夺、破坏的经济模式。其主要特点是把地球看成一个取之不尽的资源宝库，并且进行无限度的索取，使自然生态遭到毁灭性的破坏，同时，造成废物大量积累，使环境污染日益严重。据此完成（1）～（3）题。

（1）下列恶果不是由“牧童经济”造成的是（　）

A. 土地沙漠化　　B. 大气污染　　C. 破坏性地震　　D. 温室效应

（2）下列经济模式不属于“牧童经济”的是（　）

A. 刀耕火种，毁林开荒　　B. 南北水调，发展生产

C. 围湖造田，开垦荒山　　D. 发展工业，任意排放

（3）下列关于“牧童经济”的叙述，正确的是（　）

A. 它是发展中国家经济发展的产物，而在发达国家不会产生

B. 是低投入、高效益的模式

C. 体现了传统发展模式的优点

D. 体现了人类活动与地理环境之间的尖锐矛盾

2. 中国最大的淡水湖——鄱阳湖有多条河流从东、南、西三面注入，北部有水道通往长江，湖泊水面呈现“冬季一条线、夏季一大片”的景象变化。鄱阳湖是候鸟迁徙途中的重要栖息地。过去50年来，鄱阳湖湿地大面积减少的最主要原因是（　）

A. 水土流失加速湖泊淤积　　B. 围湖造田

C. 气候变干造成湖泊水位降低　　D. 湖区地壳明显抬升

3.下表代表寒潮、酸雨、水土流失、土地荒漠化对四省区的危害程度（ + 号越多代表危害程度越高）。据此完成（1）~（2）题。

省　区	甲	乙	丙	丁
广　东	+ +	+ +	+ + + +	—
四　川	+ + +	+	+ + +	—
新　疆	+	+ +	+ + + +	—
山　西	+ + + +	+ + +	+	+

（1）甲和丙代表的环境问题分别是（　）

①寒潮　②酸雨　③水土流失　④土地荒漠化

A. ①②　　B. ③④　　C. ②③　　D. ①④

（2）乙类环境问题在广东省不严重的原因是（　）

①森林覆盖率高　②地形　③降水充沛　④纬度位置

A. ①②　　B. ②④　　C. ②③　　D. ③④

二、问答题

随着城市人口数量的增加，城市的土地资源变得越来越紧张。为了满足城市人口住房、交通等方面的需要，把城市原有的农业耕地开发成城市建筑用地的这种做法是否恰当，请你谈一谈你的观点和看法。

第三节　世界环境问题

环境问题是指由于人类活动作用于周围环境所引起的环境质量变化，以及这种变化对人类的生产、生活和健康造成的影响。人类在改造自然环境和创建社会环境的过程中，自然环境仍以其固有的自然规律变化着。社会环境一方面受自然环境的制约，同时也以其固有的规律运动着。人类与环境不断地相互影响和作用，产生环境问题。

一、世界环境问题的表现

到目前为止，已经威胁人类生存并已被人类认识到的环境问题主要有：全球变暖，臭氧层破坏，酸雨，淡水资源危机，资源、能源短缺，森林资源锐减，土地荒漠化，物种加速灭绝，垃圾成灾，有毒化学品污染等众多方面。

1. 全球变暖

导致全球变暖的主要原因是人类在近一个世纪以来大量使用矿物燃料（如煤、石油等），排放出大量的二氧化碳等多种温室气体。全球变暖的后果，会使全球降水量重新分配，冰川和冻土消融，海平面上升等，既危害自然生态系统的平衡，更威胁人类的食物供应和居住环境。

2. 臭氧层破坏

臭氧具有强烈的吸收紫外线的功能，因此，它能挡住太阳紫外线辐射对地球生物的伤害，保护地球上的一切生命。然而人类生产和生活所排放出的一些污染物，如冰箱、空调等设备制冷剂的氟氯烃类化合物以及其他用途的氟溴烃类等化合物，能迅速耗减臭氧，使臭氧层遭到破坏。

读一读

臭氧层遭到破坏

南极的臭氧层空洞，就是臭氧层破坏的一个最显著标志。到1994年，南极上空的臭氧层破坏面积已达2400万平方千米。南极上空的臭氧层是在20亿年里形成的，可是在一个世纪里就被破坏了60%。北半球上空的臭氧层也比以往任何时候都薄，科学家警告说，地球上空臭氧层破坏的程度远比一般人想象的要严重得多。

3. 酸雨

酸雨是由于空气中二氧化硫和氮氧化物等酸性污染物引起的，pH小于5.6的酸性降水。受酸雨危害的地区，出现了土壤和湖泊酸化，植被和生态系统遭受破坏，建筑材料、金属结构和文物被腐蚀等一系列严重的环境问题（图11.6）。

图11.6　被酸雨腐蚀的森林

4. 淡水资源危机

目前，世界上缺水现象十分普遍，全球淡水危机日趋严重。世界上100多个国家和地区缺水，其中28个国家和地区被列为严重缺水的国家和地区。

随着地球上人口的激增，生产迅速发展，一些河流和湖泊的枯竭，地下水的耗尽和湿地的消失，不仅给人类生存带来严重威胁，而且许多生物也正随着人类生产和生活造成的河流改道、湿地干化和生态环境恶化而灭绝。

5. 资源、能源短缺

由于人类无计划、不合理地大规模开采矿产资源，造成世界上大量国家资源、能源短缺。从目前石油、煤、水利和核能发展的情况来看，要满足这种需求量是十分困难的。因此，在新能源开发利用尚未取得较大突破之前，世界能源供应将日趋紧张。此外，其他不可再生性矿产资源的储量也在日益减少，这些资源终究会被消耗殆尽。

6. 森林资源锐减

森林是人类赖以生存的生态系统中的一个重要组成部分。由于世界人口的增长，对耕地、牧场、木材的需求量日益增加，导致对森林的过度采伐和开垦，使森林受到前所未有的破坏（图11.7）。据统计，全世界每年约有1200万公顷的森林消失，其中占绝大多数是对全球生态平衡至关重要的热带雨林。

图11.7　森林乱砍滥伐现象

读一读

热带雨林遭到破坏

对热带雨林的破坏主要发生在热带地区的发展中国家，尤以巴西的亚马孙情况最为严重。亚马孙森林居世界热带雨林之首，但是，到20世纪90年代初期这一地区的森林覆盖率比原来减少了11%，相当于70万平方千米，平均每5秒钟就有差不多有一个足球场大小的森林消失。此外，在亚太地区、非洲的热带雨林也在遭到破坏。

7. 土地荒漠化

简单地说，土地荒漠化就是指土地退化。当前世界荒漠化现象仍在加剧。全球现有12亿多人受到荒漠化的直接威胁，其中有1.35亿人在短期内有失去土地的危险（图11.8）。荒漠化已经不再是一个单纯的生态环境问题，而且演变为经济问题和社会问题，它给人类带来贫困和社会不稳定。

图11.8 土地荒漠化

读一读

荒漠化

到1996年为止，全球荒漠化的土地已达到3600万平方千米，占到整个地球陆地面积的1/4，相当于俄罗斯、加拿大、中国和美国国土面积的总和。在人类当今诸多的环境问题中，荒漠化是最为严重的灾难之一。对于受荒漠化威胁的人们来说，荒漠化意味着将失去最基本的生存基础——有生产能力的土地。

8. 物种加速灭绝

物种就是指生物种类。现今地球上生存着500～1000万种生物。一般来说，物种灭绝速度与物种生成速度应是平衡的。但是，由于人类活动破坏了这种平衡，使物种灭绝速度加快，世界野生生物基金会发出警告：本世纪鸟类每年灭绝一种，在热带雨林，每天至少灭绝一个物种。物种灭绝将对整个地球的食物供给带来威胁，对人类社会发展带来的损失和影响是难以预料和挽回的。

9. 垃圾成灾

全球每年产生垃圾近100亿吨，而且处理垃圾的能力远远赶不上垃圾增加的速度，特别是一些发达国家，已处于垃圾危机之中（图11.9）。危险垃圾，特别是有毒、有害垃圾的处理问题，因其造成的危害更为严重、产生的危害更为深远，而成了当今世界各国面临的一个十分棘手的环境问题。

图11.9 垃圾成堆

10. 有毒化学品污染

市场上对人体健康和生态环境有危害的化学品约有3.5万种。其中有致癌、致畸、致突变作用的约500余种。随着工农业生产的发展，如今每年又有1000～2000种新的化学品投入市场。由于化学品的广泛使用，全球的大气、水体、土壤乃至生物都受到了不同程度的污染、毒害。自20世纪50年代以来，涉及有毒有害化学品的污染事件日益增多，如果不采取有效防治措施，将对人类和动植物造成严重的危害。

二、环境问题的地域差异

不同的地域，环境问题表现形式不同。在发达国家和城市由于人口聚居、工业发达等原因，消耗资源多，环境问题主要表现为污染严重；在发展中国家和乡村，承受着经济发展和人口过多的双重压力，对资源不合理的开发，环境问题主要表现为生态破坏严重。

发达国家在经济发展过程中，也曾经历过环境问题比较严重的发展阶段。例如，20世纪50—60年代，发达国家的环境污染达到了空前严重的程度。自70年代开始，发达国家利用强大的经济力量进行环境污染的防治工作，才使这些国家现在的环境状况大为好转。目前，许多发达国家将污染严重的工业转移到发展中国家，这加剧了全球的环境问题。发达国家是造成目前地球生态环境退化问题的主要责任者，因此发达国家有义务在率先采取有关环境保护措施的同时，为国际合作作出更多的贡献。

第四节　人地关系与可持续发展

在解决环境问题的实践中，人们逐渐认识到，如果单纯依靠科学技术手段和工业文明的思维定式去修复遭到破坏的环境，是不可能从根本上解决问题的。人类必须调控自己的社会行为，以及改变支配自己社会行为的思想。同时，人类也认识到，环境问题的实质是发展问题，是在发展过程中产生的，必须在发展的过程中解决。人们迫切需要寻找一条正确的处理环境与发展关系的出路，使人地关系走向和谐。

一、可持续发展

从20世纪70年代开始，人们以联合国召开的一系列环境会议为契机，提出了可持续发展思想，并且使之逐步完善，得到公认。1987年，世界环境与发展委员会在《我们共同的未来》报告中明确指出：可持续发展是既满足当代人的需求，而又不危及后代人满足其需求发展。1992年6月，联合国环境与发展大会在巴西里约热内卢召开，会议通过了可持续发展为核心的《21世纪议程》，这标志着可持续发展从理论探讨走向实际行动，并为全球开展环境与发展领域的合作提供了指导性框架。

可持续发展是一个包括经济、社会、文化、技术和自然环境的综合概念，有着丰富的内涵，概括起来有三个方面：生态持续发展、经济持续发展和社会持续发展。生态、经济、社会的持续发展相互联系、相互制约，共同组成一个系统（图11.10）。

图11.10　可持续发展系统示意图

二、中国的可持续发展

1. 中国走可持续发展道路是必然的

选择可持续发展道路是由中国的国情决定的。我国现在面临着巨大的生存和发展压力，人口众多，资源短缺，环境问题严重。

人类是通过发展与环境发生关系的，人口、资源和环境问题的解决也必须通过发展来实现。特别是对于中国这样的发展中国家，发展是前提。在经济快速发展的同时，还必须做到自然资源的合理开发利用与保护和环境保护相协调。

为了解决我国在发展过程中出现的人口、资源和环境问题，我们选择了走可持续发展的道路。《中国21世纪议程》是制定我国国民经济和社会发展中长期计划的指导性文件，也是中国政府认真履行1992年联合国环境与发展大会文件的原则立场和实际行动。

解决中国环境与发展问题的关键是提高人口的素质，这包括所有社会成员，更重要的是领导层、参谋层和决策层成员。青年学生是未来的现代化建设者和决策人，必须让他们对中国实施可持续发展的总体战略、对策和行动方案有所了解，逐步养成可持续发展意识，建立可持续发展的道德观和价值观，在今后的工作和生活中，将《中国21世纪议程》转化为他们的自觉行动。

2. 中国实施可持续发展的途径——循环经济

我国从20世纪90年代起引入了关于循环经济的思想，循环经济是我国实施可持续发展战略的重要途径。循环经济是一种以资源的高效利用和循环利用为核心，以“减量化、再利用、资源化”为原则，以低消耗、低排放、高效率为基本特征，符合可持续发展理念的经济增长模式，是对“大量生产、大量消费、大量废弃”的传统增长模式的根本变革。本质上是一种生态经济。

在工业经济结构调整中，实现循环经济的基本途径是清洁生产。清洁生产是对整个工业生产过程中生产的产品评估其对环境的影响程度。清洁生产既可以带来经济效益又可以带来环境效益。

循环经济体系是以产品清洁生产、资源循环利用和废物高效回收为特征的生态经济体系。由于它将对环境的破坏降到最低程度，并且最大限度地利用资源，因而大大降低了经济发展的社会成本，有利于经济的可持续发展。清洁生产已经成为世界各国实施可持续发展战略所普遍采用的一项基本国策，对于我国而言，大力发展循环经济，是走新型工业化道路的重要途径。

在农业经济结构调整中，我国推行生态农业，以实现循环经济。生态农业是指在保护、改善农业生态环境的前提下，遵循生态学、生态经济学规律，运用系统工程方法和现代科学技术、集约化经营的农业发展模式。生态农业是一个农业生态经济复合系统，将农业生态系统同农业经济系统综合统一起来，以取得最大的生态经济整体效益。它既是农、林、牧、副、渔各业综合起来的大农业，又是农业生产、加工、销售综合起来的适应市场经济发展的现代农业。

练一练

一、选择题

1. 下列做法属于可持续发展行为的是（　）

A. 开垦红壤地区的荒山荒坡，发展立体农业

B. 退耕还林还草，进行农业产业结构调整

C. 为防止“赤潮”现象的发生，沿海地区采取休渔政策

D. 建立人工绿洲，是改变沙漠缺水状况的良好途径

2. 对可持续发展的理解，正确的是（　）

A. 可持续发展主要是环境保护

B. 社会可持续发展是目的

C. 公平性原则是指同代人、代际人之间，不同国家之间对可持续发展所尽义务应公平

D. 实现可持续发展需要全球整体协调和国际合作

3. “太平洋经济社会委员会”在上海召开了太平洋发展中岛国特别机构会议，参加会议的岛国目前面临的最大环境问题是（　）

A. 火山地震　　B. 大气污染　　C. 水体污染　　D. 海平面上升

4. 著名的“春城”昆明市气候宜人，环境优美，基于这个气候特点，昆明市提出了建设湖滨生态城市的发展战略，但是滇池水环境污染问题成为实施这一战略的障碍。据此完成（1）~（3）题。

（1）昆明气候四季如春的决定性因素是（　）

A. 西南季风的持续影响

B. 滇池和森林植被覆盖率高

C. 东南季风和西南季风的共同影响

D. 比较低的纬度位置和比较高的海拔高度

（2）滇池被誉为“高原明珠”，其海拔高度在（　）

A. 800 ~ 1000米　　B. 1800 ~ 2000米　　C. 2800 ~ 3000米　　D. 3800 ~ 4000米

（3）昆明市实施建设湖滨生态城市发展战略的主要对策之一是（　）

A. 填埋严重污染的滇池水域，借此拓展城市新区

B. 全面实施滇池截污工程和生态恢复工程

C. 环湖大规模建设滨水型城市新区

D. 把昆明市耗水量大的工业企业迁至滇池湖畔

5.下列关于“持续发展”的认识，正确的是（　）

A. 停止开采不可再生资源，为子孙积累巨大财富

B. 加大加快各类可再生资源的开采力度

C. 控制人口增长，使人口数量维持在目前的水平

D. 在资源开发利用时，不能危害未来人类的生活需求

6.由于大气、水和土壤等环境污染，食品安全问题受到广泛的关注。据此完成（1）~（2）题。

（1）为避免蔬菜和水果受到各种污染，并保护生态环境，生产中可采取的有效措施是（　）

①采用无土栽培（水培法）　②使用绿肥等有机肥　③使用高效化肥　④使用农药防治虫害　⑤采用生物防治虫害

A. ①②③　　B. ①②⑤　　C. ②③④　　D. ①③⑤

（2）为解决食品安全问题，我国正在加快发展绿色食品，绿色食品要求（　）

①产品的原料必须是绿色植物　②产品原料的产地符合环境质量标准　③产品原料的生产过程符合生产技术标准　④产品的加工、包装和储运符合国家相关标准

A. ①②③　　B. ②③④　　C. ①③④　　D. ①②④

7. 生态农业与传统农业的根本区别在于（　）

A. 粮食产量高　　B. 种植业比重下降，而林、牧业发达

C. 农业生产与环境保护有机结合　　D. 机械化、电气化水平高

二、问答题

1. 一名中学生把可持续发展定义为：“一个可持续的世界会为今天的人们和他们的后代提供充足的能源、食品、洁净的水、住房以及一个优美的自然环境。”那么，请你谈谈自己对可持续发展的理解。

2. 世纪之交，国家出台“加快西部地区开发”的大战略、大思路。有的人理解西部大开发，就是对西部丰富资源的大开采。你同意这种看法吗？你对西部大开发有什么建议？

参考文献

[1] 徐岩，刁传芳. 地理：第一册［M］. 北京：人民教育出版社，1995.
[2] 徐岩，刁传芳. 地理：第二册［M］. 北京：人民教育出版社，1996.
[3] 韦志榕，高俊昌. 地理：全一册［M］. 北京：人民教育出版社，2000.
[4] 徐岩，韦志榕. 地理：上册［M］. 北京：人民教育出版社，2000.
[5] 徐岩，韦志榕. 地理：下册［M］. 北京：人民教育出版社，2000.
[6] 袁孝亭. 地理1［M］. 北京：人民教育出版社，2004.
[7] 袁书琪. 地理2［M］. 北京：人民教育出版社，2004.
[8] 王金虹. 地理：全一册［M］. 北京：北京出版社，2009.
[9] 谭木. 中学地理图文详解指导地图册［M］. 山东：山东省地图出版社，2008.